GÉNÉALOGIE
DE LA MAISON
DE COURVOL,
EN NIVERNOIS,
DRESSÉE
SUR SES TITRES ORIGINAUX,
ET SUR DES JUGEMENTS D'INTENDANTS,

Rendus lors de la Recherche de la Nobleſſe du Royaume
en 1666. & depuis.

SECONDE ÉDITION,

Revue , corrigée & augmentée.

—————Sæpè legendus avus.

Pub. Ovid. Faſt. Lib. I.

M. DCC. LIII.

AVERTISSEMENT.

LA MAISON DE COURVOL eſt une des plus anciennes du Nivernois : ſes Alliances avec les meilleures Maiſons de cette Province, ſes Biens autrefois aſſez conſidérables, & la qualification de Chevalier, affectée ſeulement à la haute Nobleſſe, & dont pluſieurs de cette Maiſon ont été décorés, la placent parmi la Nobleſſe Militaire la plus diſtinguée du Nivernois.

Elle a pris ſon Nom d'une petite Ville, ſituée près de Clamecy, au Dioceſe d'Auxerre, l'une des trente-deux Châtellenies du Nivernois, (1.) connue dès avant le milieu du cinquieme ſiecle. Cette Ville eſt nommée en Latin, CORVALLIS, CORVALLUM, CORVOLIUM, CURVAVALLIS, &c. en François, *Corval*, *Corvol*, *Corvoul*, *Corvaul*, *Courval*, *Courvol*, *Courvaul*, *Courvouli*, *Courvoulx*, *Courvoul*, *Corvou* & même *Courvou* dans l'idiome populaire. (2.) Elle fut donnée à l'Oratoire de Saint Maurice, par Saint Germain, Evêque d'Auxerre, mort l'an 448. (3.) Elle eſt mentionnée dans deux cartes du Monaſtere de Fontenay, Ordre de Grammont, au Dioceſe d'Auxerre, à préſent ruinée, des années 1257. (4.) & 1328. & dans d'autres anciens titres & monuments, cités par Monſieur l'Abbé le Beuf, dans ſon Hiſtoire Eccléſiaſtique du même Dioceſe. On a ajouté à ſon nom, il y a plus de 400. ans, l'épithete d'*Orgueilleux*, par corruption de celle d'*Argilleux*, pour la diſtinguer de *Courvol-Dam-*

(1.) Hiſtoire du Nivernois, par Guy - Coquille, *page* 369.

(2.) Carte Géographique du Dioceſe d'Auxerre, par M. l'Abbé le Beuf.

(3.) *Hiſtoria Epiſcoporum Autiſſiod.* Biblioth. MSS. du P. Labbe, Jeſuite. *Tom. I.* pag. 416.

(4.) *Theſaurus novus*, div

Bernard, terre située à quatre lieues de celle-ci, possédée aussi par la Maison de Courvol, qui lui a donné son nom.

La Terre de Courvol l'Orgueilleux, étoit unie dès avant l'an 1281. au domaine des Comtes de Nevers, (5.) qui l'inféoderent depuis à différents particuliers. Elle fut distraite (6.) du ressort du Bailage d'Auxerre pour être unie à celui de Villeneuve-le-Roi, par Lettres du Roi Charles VI. du 10. de Juillet 1384.

(5.) Titres de la Chambre des Comptes de Nevers. Layette, cotée Corvol. R. IIII.

(6.) Ordonnances des Rois, par M. Secousse. Tom. VII. page 85.

A l'égard de celle de Courvol-Dam-Bernard, elle est aussi sortie de la Maison de Courvol, depuis près de 400. ans. Jeanne d'Artois, veuve de Simon de Thouars, Comte de Dreux, en rendit hommage le 22. Avril 1380. (7.) elle en jouissoit à titre de douaire. Charles & Jean de Bourgogne, Comtes de Nevers, furent déboutés par des Arrêts du Parlement de Paris, des 30. Avril 1463. & 21. Juillet 1466. d'une mouvance par eux prétendue, tant sur Courvol, que sur vingt-huit à trente Fiefs qui en dépendoient. Cette terre appartenoit alors à Perette de la Riviere, Dame de la Rocheguyon. Elle passa depuis successivement à différentes familles. Le Comte de Jaucourt, à qui Armande-Marguerite de Certaines la porta en mariage, la vendit vers 1708. à M. Fremin, Président au Bureau de Paris, qui eut un Procès pour sa mouvance avec M. le Duc de Nevers, sur (8.) lequel Procès il y a eu un mémoire fort détaillé. M. Fautrier, petit-fils de ce Président la possede aujourd'hui.

(7.) Titres de la Chambre des Comptes de Nevers.

(8.) Bibliothèque du Roi; Cabinet de M. de Gaignieres.

On peut juger par la possession de ces Terres, qui composoient l'ancien patrimoine de la Maison de

Courvol, de la confidération de cette Maifon dans les plus anciens temps. Mais ces avantages ne l'ont point garantie d'un fort commun à prefque toutes les Maifons de fa Province ; c'eft-à-dire, de ne pouvoir remonter fort haut leurs filiations. Les Monafteres & les Châteaux, feuls dépofitaires des anciens Titres, ayant été ruinés pendant les guerres des Huguenots, dont le Nivernois a été affligé dans le feizieme fiecle.

Malgré ces pertes, la Maifon de Courvol n'eft point demeurée dans l'obfcurité. M. de la Thaumafiere a inféré la Généalogie de la Branche aînée dans celle de Reugny en Nivernois, dans laquelle elle eft tombée, dès l'an 1526. De notre côté, ayant fait des découvertes affez confidérables fur cette Maifon, dans les Bibliotheques & Cabinets des Savants, & notamment dans celui de M. de Clairambault, Généalogifte des Ordres du Roi ; nous y avons joint le dépouillement des Titres domeftiques, dont nous compofâmes une Généalogie que nous donnâmes en 1750. Nous ne nous déterminâmes à la donner telle qu'elle étoit alors, que parce que nous crûmes que de plus amples recherches feroient vaines ; & nous ne nous fuffions pas mis dans le cas de la réimpreffion de cet Ouvrage, fi nous euffions prévu l'occafion qui a donné lieu à celle-ci ; c'eft-à-dire la générofité de M. le Comte du Tremblay, Chef de la Maifon de Reugny. Ce Seigneur a remis à M. d'Herry (François-Raco de Courvol) tous les Titres de la Maifon de Courvol, qui étoient paffés dans la fienne, avec l'Héritiere de la branche aînée en 1526. comme on vient de le dire. C'eft fur ces Titres que cette Généalogie a été retouchée &

Hiftoire du Berry, par la Thaumafiere, pag. 960.

augmentée. On y joindra ce que M. de la Thaumafiere a dit fur les dégrés moins connus ; & on a inféré à la fin, comme un foible témoignage de la reconnoiffance dûe à M. le Comte du Tremblay , un pré-
cis de la Généalogie de fa Maifon , dans lequel la
poftérité de Jeanne de Courvol , mariée à Jacques de
Reugny , Seigneur de Riegot & de Lancray , fera
développée avec un peu plus d'étendue & conduite
jufqu'à nos jours

Plufieurs perfonnes ayant défiré que dans cette
nouvelle édition , on rendît les fignatures des contrats de Mariage moins fommaires , & qu'on donnât
toutes celles des perfonnes qui y ont comparu ; on a
déféré à ce fage avis , qui ne peut que fervir à con-
ferver cette précieufe marque d'union entre les Maifons , & à tranfmettre leur nom à la poftérité. Cela
peut d'ailleurs leurs fournir plufieurs Sujets d'entre-
elles , qui peut-être ne leurs feront connus que par
ces fortes d'Actes ; comme nous n'avons connu quel-
ques-uns des nôtres que par leurs fignatures dans des
Actes femblables qui nous ont été communiqués.

Le nom fe trouvant écrit & prononcé indifférem-
ment , *Corvol* & *Courvol* , &c. on a préféré cette
derniere prononciation pour fe conformer à celle des
preuves , faites lors de la recherche générale de la
Nobleffe en 1667. & de la Généalogie donnée par
M. de la Thaumafiere. Nous ne laifferons pas néanmoins de faire obferver les diverfes prononciations ,
& les orthographes fingulieres du Nom dans certains
Titres , de ceux qui n'ont point été produits , & qui
font récemment recouvrés.

On exhorte ceux de la Maifon , pour éviter ces

différentes orthographes & prononciations , qui enfin peuvent devenir embarraſſantes par le laps de temps & la multiplicité des variations , de ſe fixer à celle de *Courvol* , ſous laquelle leur Preuve a été dreſſée en 1667. & de conſerver ſoigneuſement leurs Titres. Il ſeroit à ſouhaiter même que le Chef de chaque branche , tînt un régiſtre des Naiſſances , Baptêmes , Mariages & Morts de leurs enfants , &c. qu'il y décrivît les Armes de leurs femmes & des meres de leurs femmes , pour y avoir recours lorſqu'on voudra faire des preuves de Nobleſſe pour l'Ordre de Malthe , ou pour quelqu'autre Ordre ou Chapitre Noble ; & qu'il y déſignât les Egliſes & les Notaires Dépoſitaires de leurs Actes. Il n'eſt pas moins important de nommer dans tous leurs Actes les peres & meres des contractants , fuſſent-ils veufs ou avancés en âge. Si leurs Aïeux avoient eu cette ſage précaution , ils auroient épargné à leur poſtérité , des ſoins , des recherches & des embarras infinis pour en réparer la perte.

Nous avons cru devoir finir cet Avertiſſement , par juſtifier les vues que nous avons eu en entreprenant de mettre quelque ordre dans les Titres d'une Maiſon , qui nous a paru mériter ce ſoin. Perſuadés plus que perſonne de ces maximes puiſées dans la Religion & la raiſon ; que tous les hommes ſont freres dans l'ordre de la nature , ainſi que dans celui de la grace ; & que la vraie Nobleſſe ſuppoſe la vertu , comme en étant la récompenſe ; nous n'avons eu d'autre intention , que de faire connoître à ceux de la Maiſon de Courvol , en donnant leur Généalogie , la néceſſité où ils ſont de ſuivre les traces de leurs Aïeux , s'ils

veulent jouir d'un bien acquis par leur vertu ; &
nous les prions de ne se point bleſſer , ſi nous oſons
leurs remettre devant les yeux ce ſage avis d'Othon
à ſon Neveu : *N'oubliez pas que vous êtes Neveu*
d'un Empereur , mais ne témoignez point trop vous en
reſſouvenir. Qu'il nous ſoit permis d'ajouter : ne vous
en reſſouvenez que pour faire le bien , & être utile
à l'Etat & à la ſociété des hommes vos freres , parmi
leſquels vous n'avez de rang , que pour donner plus
de poids à la vertu , & la rendre aimable par votre
affabilité , & votre attention à obliger , qui eſt le plus
doux & le plus ſatisfaiſant de tous les penchants.

Tacit. Hiſtor.
lib. 2. c. 48.

GÉNÉALOGIE
DE LA MAISON
DE COURVOL,
LAQUELLE PORTE POUR ARMES,

De Gueules à une Croix ancrée d'or, accompagnée en chef de deux Etoiles d'argent ; supports deux Licornes, & Cimier une Licorne issante.

CHAPITRE PREMIER.

SEIGNEURS DE COURVOL-DAM-BERNARD, D'ISSENAY, DU TREMBLAY, DE POUSSERY, DE FAVERAY, DE TAIS, DE MONTARON, DE CHATENOIS, DE MOULINS, DE VILLIERS-SUR-NOYN, DE ST. GERVAIS-LES-VERNEUIL, DE THOMERY, DE ST. MICHEL-EN-LONGUE-SALLE, DE AUNE, DE ABRANE, &c.

UGUES de COURVOL qui vivoit vers la fin du onzieme siecle, peut être regardé comme le Chef de cette Maison. On apprend d'un Titre du Prieuré de la Charité sur Loire, de l'an 1088. Indiction XII. qu'il tenoit le Fief de Courvol (*DE CORVOLIO*) de Robert des Oulches, lequel en donna la mouvance à ce Monastere, du consentement d'Agnès sa femme. B.

Cartulaire du Prieuré de la Charité.

Titres de la Chambre des Comptes de Nevers.

I.

GAUCHER de COURVOL I. du nom, Chevalier Seigneur de Courvol-Dam-Bernard, mentionné dans un Titre de l'an 1301. cité par la Thaumafiere en fon Hiftoire du Berry, *pag.* 960. mais qui n'eft pas venu jufqu'à nous, eut pour enfants, entre autres,

    2. GAUCHER de Courvol II. du nom, Chevalier Seigneur d'If-fenay, &c. qui fuit.

    2. JEAN de Courvol, qualifié Damoifeau dans un Titre de 1330. cité par la Thaumafiere. Ce pourroit être celui que nous avons en main de même date, par lequel Gaucher de Courvol & Jean fon frere, Nobles, Damoifeaux, vendent un Bois, appellé la Faë d'Iffenay à des particuliers de Chaux, dans lequel ils déclarent qu'il fera fait diftraction d'un tiers pour la confervation du Droit de leur neveu, à qui ce tiers appartient ; mais ce neveu n'eft point nommé, & rien de fa fuite n'eft venu jufqu'à nous. L'acte eft Latin, paffé le Mardi après la Fête de S. Pierre & de S. Paul, (qui fut le 3. Juillet) 1330. devant Gui de Beaupoiffons, Clerc Notaire fous le Scel de Moulins-Engilbert (*Guioto Belli de Pifcibus, Clerico Notario*) le nom y eft écrit ainfi de *CORVAUL.*

II.

GAUCHER de COURVOL II. du nom, Chevalier Seigneur d'Iffenay, &c. rendit hommage au Comte de Nevers pour fa Maifon (Château) d'Iffenay ; & pour des Rentes d'avoine qu'il avoit à Braignon & à Charmoy, dépendant de Corvol-l'Orgueilleux, l'an 1327. & au nom de Madame *ISABEAU* fa femme, pour une maifon, fituée à Clofmont, à caufe de Château-Neuf en Val-de-Bargy, l'an 1349. Il eft qualifié Damoifeau, & Seigneur d'Iffenay en partie, dans un échange qu'il fit d'une Oulche, fife à Iffenay, pour une piece de terre, fituée fur la riviere d'Arron, avec Agnès de Comery, veuve de Guiot de Fontaine, Paroiffe de la Chapelle. L'acte eft en Latin, & fut paffé devant Jean de Equotet, Notaire fous le Sceau de Nevers, le Jeudi après la Fête de S. Laurent (12. Août) 1333. Il a la même qualité de Damoifeau dans le Titre 1330. cité ci-deffus à l'article de Jean fon frere ; & a celle de Noble, Seigneur, Chevalier , dans un acte Latin , par lequel il se départ de tout le Droit qu'il avoit sur Jean Gaulier son taillable , en faveur de ses deux fils Guiot & Jean de Courvol , Damoiseaux : devant Hugues Terrace , Prêtre, Notaire sous le Sceau de Nevers , le Mardi après l'Assomption (21. Août) 1352. Ils y sont dénommés de *C O R V O U L.* Il est connu de la Thaumasiere par un autre Titre de 1354. & fut pere des trois fils qui suivent.

3. G u y de Courvol , Chevalier Seigneur d'Issenay , du Tremblay , &c. est qualifié Damoiseau dans la donation que Gaucher son pere lui fait , ainsi qu'à Jean son frere , d'un de ses serfs taillables , le 21. Août 1352. Il rendit hommage au Comte de Nevers pour sa Maison forte d'Issenay , l'an 1363. Il est dit Noble , Damoiseau , dans la foi & hommage que lui rendit Agnès, femme de Jean Perrin de Neufx ; de lui à ce autorisée , le Mardi après la Fête de tous les Saints (2. Novembre) 1367. devant Perrin de Molins , Clerc Notaire sous le Scel de Moulins-Engilbert. Il transigea sous le même Scel devant Jean de Beauvoir Notaire , le Samedi après le Dimanche *Reminiscere* (27. Février) 1372. avec Jean d'Issenay le jeune , Ecuyer , Seigneur dudit Issenay en partie , faisant tant pour lui que pour Jean d'Issenay son oncle , Pierre de Contremoret, & Jeanne d'Issenay sa sœur , femme de ce dernier. Par cet acte il lui fut permis de bâtir un Moulin sur la riviere d'Arron , commune entre les parties. Il acquit pour le prix de *cent florins* d'*or* la Terre du Tremblay de Frere Thomas de la Comelle , Prieur du Prieuré de Moustiers en Pinsonne , dépendant de l'Abbaye de S. Germain d'Auxerre ; faisant tant pour lui que pour Guillaume de la Comelle son frere Ecuyer , qui l'avoit achetée pour la même somme de Huguenin de S. Gratien , Ecuyer , le 2. Avril 1368. par acte passé devant Guiart Blanthero , Clerc Notaire sous le Scel de la Prévôté de Chaourse. Le Tremblay y est dit le Tremblay les-Saints-Gratien : & cette piece est jointe à l'acte d'acquisition , qu'en fit Guiot de Courvol , qui y est dénommé de *C O U R V A U L* , du 21. Juin 1380. devant Jean Robiqueaul , Clerc Tabellion sous le Scel de la Prévôté d'Auxerre : le lendemain 22. Hugues , Abbé de Saint Germain d'Auxerre ratifia ladite Vente , faite par Frere Thomas de la Comelle , dont l'acte se trouve attaché aux deux précé-

Titres de la
Chambre des
Comptes de Ne-
vers.

B ij

dents. Dans une tranfaction pour la Juftice d'Iffenay , avec Jean
d'Iffenay , Ecuyer Seigneur d'Iffenay en partie , faifant tant pour
lui que pour les enfants de Pierre de Contremoret fes neveux.
Guy eft dénommé M. Guy de *CORVOL* , Chevalier, Seigneur d'Iffenay en partie : par cet acte paffé le Jeudi après la Pentecôte
(2. Juin) 1384. fous le Scel de la Prévôté de Moulins - Engilbert ; la Juftice d'Iffenay eft déclarée commune entre les parties ; favoir la moitié pour Guy de Courvol , & l'autre moitié
pour Jean d'Iffenay & fes Neveux.

G U Y de Courvol fit fon Teftament le Mercredi après la Touf-
faint (2. Novembre) 1390. cette Piece eft Latine , *Nobilis mi-
les guido de Corvolio Dominus in parte de Iffenaio ;* &c. Il y choifit
fa fépulture dans la Chapelle de l'Eglife d'Iffenay , avec des
cérémonies qui annoncent un homme de grande confidération ,
& qui par leur fingularité méritent de trouver place ici. Il y ordonne que le jour de fon décès on convoque foixante Prêtres
à fon enterrement ; qu'un de fes chevaux foit conduit à l'offerte ,
& que celui qui le montera foit couvert de fes armes comme il
convient , dit-il , pour la gloire de Dieu & du peuple : regle
que de cent livres de cire , auxquelles il fixe fon luminaire , il
y ait douze torches portées par douze pauvres , à chacun defquels il fera donné douze aulnes de drap , & le refte en cierges
qui éclairent fa Chapelle Funebre , où il veut que fon cercueil
foit dépófé , & que fes armes y foient peintes & fémées. Il ordonne que le jour de fon décès on faffe une aumône générale ,
& fonde un Anniverfaire pour le repos de fon ame , avec trois
grandes Meffes par femaine ; favoir une en l'honneur de la Vierge
le Dimanche avant la Meffe de Paroiffe , une du S. Efprit le
Mercredi & une des Morts le Vendredi , avec abfoute à chaque
Meffe fur fon tombeau. Il donne à l'Eglife d'Iffenay une Cloche
qu'il avoit à fon Hôtel du Tremblay pour fonner ces Meffes , &
affure les fonds de fa Fondation fur fa Terre d'Iffenay. Il donne à
fes trois batards , *Seguin , Guillaume* & *Jean* quelques Mex & tenements fur Iffenay , à titre de Bourdelage , dont ils feront tenus
envers Gaucher de Courvol, Damoifeau fon neveu , qu'il inftitue
fon feul & unique héritier , & envers fes Succeffeurs ; & nomme
pour exécuteurs téftamentaires Jean de Courvol ; Alexandre de

Baches ; Hugues de Champdivers , Chevaliers ; Jean d'Iſſenay &
Jean Thomé. Reçu , Jean de Bauvoir , Prêtre Notaire , le Mercre-
di après la Touſſaint (2. Novembre) 1390. ſous le Sceau de
Moulins-Engilbert.

G u y de Courvol ſurvécut de pluſieurs années à ce Teſtament,
& fit une donation entre-vif à ſon même neveu Gaucher de
Courvol , Damoiſeau , fils de ſon frere Jean , Damoiſeau ; de
ſes Terres d'Iſſenay , du Tremblay , de Montaron , de Châtenois, de Moulins & d'Abrane , ſur leſquels il ſe réſerve quelques
tenements , & çe qui pouvoit lui revenir de la ſucceſſion de ſa
mere dans la Terre de Clauſenoux. Cet acte eſt en Latin , &
Guy y a la qualité de Chevalier , *Dominus Guido de Corvolio mi-*
les , &c. Il fut paſſé devant Jean de l'Epine-ſeule , *Joannes de Spina-*
ſola , Prêtre Notaire , le Jeudi après le Dimanche *Lætare* (16.
Mars) 1396. ſous le Sceau de Moulins-Engilbert. L'année ſuivante 1397. devant le même Notaire & ſous le même Scel ,
dans la même Langue Latine , & avec la même qualité de Chevalier, en date du Jeudi après la Touſſaint (8. Novembre) il donne à ſes trois batards , *Seguin* , *Guillaume* & *Jean* des tenements
ſur Iſſenay à Titre de Bourdelage , conſiſtant en ſix boiſſeaux
d'avoine & ſix gelines , payables chaque année à ſon neveu Gaucher de Courvol, Damoiſeau & à ſes Succeſſeurs. Sur quoi nous
obſerverons que ce ſont les mêmes fonds portés dans ſon Teſtament
du 2. Novembre 1390. ci-deſſus , qu'il aſſigne à ces trois freres
aux mêmes conditions de Bourdelage , & dont il les met en poſſeſ-
ſion par le préſent acte ; dans lequel ainſi que dans ſon Teſtament
il ne leur donne point ſon nom : & la Thaumaſiere s'eſt trompé
en le leurs attribuant. Il y en a un des trois qu'il nomme *Alpius* ;
mais c'eſt Seguin que porte & le teſtament de 1390. & la donation de 1397. Guy de Courvol mourut environ le mois d'Août
1399. La groſſe de ſon teſtament n'ayant été levée & délivrée
par Jean de l'Epine-ſeule , Prêtre Notaire, que le Samedi après la
Nativité de la Vierge (13. Septembre) 1399. & celle de la donation qu'il avoit ſait de ſes Terres à Gaucher de Courvol ſon
neveu , du 16. Mars 1396. ne fut expédiée par Jean Aubigeois
Notaire, que le Samedi, Fête de la Touſſaint (premier Novembre)
même année 1399. Nous n'avons pu placer Jean de Courvol ,

l'un des exécuteurs de fon teftament qu'il défigne, dans le Tableau Généalogique , n'ayant fur lui aucune autre lumiere. Nous avons vu par le Titre de 1330. que Gaucher & Jean , freres qui y ftipulent , avoient un neveu ; mais comme ils n'en n'ont pas donné le nom , nous n'avons pu également l'employer. Nous retrouverons encore en 1438. un autre Jean de Courvol , exécuteur du teftament de Jeanne *BIDAUD*, femme de Gaucher de Courvol , que nous ferons dans la même impoffibilité d'inférer au Tableau , faute de plus amples fecours. Cela nous prouve feulement qu'il y a eu dans ces premiers temps des branches collatérales qui ont eu poftérité fuivie , que l'éloignement des fiecles ne nous permet pas de développer.

Quoique la Thaumafiere n'ait point connu d'alliance à Guy de Courvol ; & que celui-ci de fon côté ne faffe aucune mention de fa femme dans fon teftament , ni dans fes différents actes ; il avoit néanmoins époufé Thomaffe de *DISSI*, Dame de Salieres , dont il n'eut point d'enfant , puifqu'il fit fon héritier univerfel Gaucher fon neveu ; laquelle étant veuve de Guy de Courvol , rendit hommage en 1401. au Comte de Nevers pour la Maifon de Salieres ; à moins que cette Thomaffe de *DISSI* ne fût la veuve d'un Guy de Courvol d'une autre branche , ce qui peut être ; & le filence du préfent Guy fur elle dans tous fes actes , paroît nous autorifer à le préfumer.

3. JEAN de Courvol mentionné ci-deffous.

3. GIRARD de Courvol , Ecuyer , vivoit en 1394. felon la Thaumafiere.

III.

JEAN de COURVOL , Damoifeau ; connu par la Thaumafiere , par des Titres des années 1377. 1379. & 1389. nous eft connu par deux autres Titres ci-deffus , dans lefquels il eft qualifié Damoifeau. L'un eft l'abandon que Gaucher de Courvol II. du nom fon pere lui fait , ainfi qu'à Guy fon frere aîné , de tout fon Droit fur Jean Gaulier fon taillable , du 21. Août 1352. l'autre eft la donation que le même Guy de Courvol fon frere , fait de fes Terres à Gaucher de Courvol fon neveu , qu'il dit fils de Jean de Courvol , Damoifeau, fon frere , en date du 16. Mars 1396. Il fut pere de ,

4. G A U C H E R de Courvol III. du nom , Ecuyer , Seigneur d'Iſſenay , du Tremblay, &c. qui ſuit, & de

4. H U G U E T T E de Courvol, qui épouſa Perrinet *G R A S S A Y,*
Ecuyer , Capitaine de la Charité , avec lequel elle vivoit en l'année 1425.

Graſſay d'Azur
à un Lion d'or,

IV.

G A U C H E R de C O U R V O L III. du nom, eſt qualifié Damoiſeau
dans le teſtament de Guy de Courvol ſon oncle , par lequel il eſt
inſtitué ſon ſeul héritier, du 2. Novembre 1390. & dans l'acte de donation que lui fit le même Guy de ſes Terres d'Iſſenay , &c. le 16. Mars
1396. ainſi que dans le Titre de Bourdelage , du 8. Novembre 1397.
par lequel ſon même oncle donne certains tenements ſur Iſſenay à ſes
trois batards , *Seguin, Guillaume* & *Jean* , ſous la condition d'en payer
le Bourdelage , fixé à ſix boiſſeaux d'avoine , & à ſix gelines , à Gaucher
de Courvol, Damoiſeau ſon neveu , & à ſes ſucceſſeurs.

G A U C H E R épouſa par Contrat paſſé devant Jean Aubigeois, Clerc
Notaire ſous le Scel de Moulins-Engilbert, le 31. Janvier 1401. Noble Damoiſelle Jeanne *B I D A U D , alias* de *P O U S S E R Y* (ce ſont les
termes de l'acte,) dans lequel il eſt dénommé Gaucher de *G O U R V A L,*
Ecuyer, Seigneur du Tremblay. C'eſt le premier des Contrats que nous
avons pu recouvrer, dans lequel il n'eſt fait aucune mention des peres &
meres des contractants, ainſi que dans tous les autres Contrats de Mariages
qui ſuivent des branches éteintes ; & dans le premier Contrat de Mariage
des branches ſubſiſtantes de 1459. Le ſecond Contrat de ces dernieres
branches , du 7. Août 1515. commence à énoncer les peres & meres , &
tous ſuivent après la même régularité. Le préſent Contrat fut fait de
l'avis des amis charnels des contractants (c'eſt-à-dire parents)
qui ont ſigné à l'acte ; ſavoir M. Hugues , Seigneur de Ternant, Chevalier;
M. Jean Coignard, Chevalier; Jean de Baſoches ; Philibert & Jean du Sire;
Philibert de Lanti ; Guiot de Lanti ; Jean de Marey & Jean de Chauvi-
gny ; tous Ecuyers. Jeanne *B I D A U D* étoit lors veuve de Guiot de
Chamrobert, Ecuyer, Seigneur de Chideaux , quoiqu'elle n'en prenne
pas la qualité dans l'acte : & étoit fille de Jean le Bidaud de Montaron ,
à qui Jeanne la Foudre ſa parente Dame du Pré , vendit un Pré , ſitué à
Poligny ſur Arron, le Vendredi après la S. Michel (6. Octobre) 1368.
devant Jean de Bauvoir , Prêtre Notaire ſous le Scel de Moulins-Engil-

bert. Outre cette piece qui fe trouve parmi les Titres de la Maifon de Courvol , nous y avons un Jugement rendu par le Bailli d'Autun & de Moncenis , en faveur de Jean le Bidaud de Montaron , Ecuyer ; par lequel il lui eft accordé main-levée des Brandons du D U C D E B O U R- G O G N E , mis dans les maifons de plufieurs fes hommes taillables & de main-morte , du Jeudi avant la Fête de S. Matthieu (20. Septembre) 1375. Jeanne Bidaud maria fa fille Marie de Champrobert , de l'autorité de Gaucher de Courvol fon fécond mari , avec Alexandre de S. Gratien , Ecuyer , fils d'Huguenin de S. Gratien , Ecuyer Seigneur dudit lieu , près le Tremblay ; & de Marguerite Doigny , ftipulants tous en l'acte , dans lequel Gaucher eft dénommé de *C O R V O L* & fa femme Jeanne de *P O U S S E R Y* , préfents Nobles , Guillaume de Maifon-Comte ; Guillaume & Jean de Mary , freres ; Jean de Charency ; (c'eft le beau-frere de la future , comme ayant époufé Jeanne de Champrobert fa fœur ,) Jean de Lancroy ; Jean de Guipy ; & Jean Doigny Ecuyers ; reçu Hugues Loichet , Prêtre Notaire , le 23. Mai 1413. fous le Scel Royal de S. Pierre le Mouftiers. Alexandre de S. Gratien eut en mariage la Terre de Champlevron , fituée près de Bafoches & Neufontaine , & ce qui appartenoit à fes pere & mere dans celle de Baumont fur Sardolle. Jeanne *B I D A U D* tranfigea devant le même Notaire fous le même Scel , le Vendredi après la S. Antoine (19. Janvier) de l'année fuivante , avec fes enfants du premier lit , Jeanne & Marie de Champrobert autorifées de leurs maris , Jean de Charenci & Alexandre de S. Gratien , & avec Georges de Champrobert ufant de fes Droits ; pour fon douaire & fa part dans les acquets faits du vivant de feu Guyot de Chambrobert fon premier mari. Elle fut autorifée dans cet acte de Gaucher de Courvol fon

Titres de la Chambre des Comptes de Nevers.

fecond mari , lequel avoit rendu foi & hommage au Comte de Nevers , pour l'étang & fixième partie de Tais en 1407. Sa femme y eft nommée Jeanne de *P O U S S E R Y* ; & en 1415. le Samedi après la S. Martin d'été (6. Juillet) il la rendit à Jean de Chavanon , Ecuyer , à caufe de Damoifelle Philiberte de Digoine fa femme , pour fa maifon & Motte de Champlevois , d'où relevent quelques parties de Pouffery & de Montaron. L'acte paffé devant Jean de l'Epine-feule , Prêtre Notaire fous le Scel de Moulins-Engilbert. Il obtint le 4. Novembre 1422. un Jugement du Baillage de S. Pierre-le-Mouftiers , qui lui fut commun avec Jean du Box , Ecuyer , Seigneur avec lui du Château ou Maifon forte de Pouffery ; par lequel les habitants font condamnés à y faire le guet & la garde en temps de guerre ; il eft dénommé de *C O U R V O U L*.

JEANNE

JEANNE fa femme tefta le 16. Janvier 1438. devant Guillaume Moreaul, Prêtre, Notaire fous le Scel de Moulins-Engilbert. Elle eft dite
Jeanne *BIDAUDE*; & fon mari, de l'autorité de qui elle procede, *Gaucher
de COLVAUL, Seigneur du Tremblay.* Elle y choifit fa fépulture,
dans la Chapelle de l'Eglife d'Iffenay : fonde quatre Meffes de Morts à
perpétuité, le Vendredi des Quatre-Temps de Septembre ; & trente Meffes
le jour de fon Anniverfaire ; veut que le jour de l'an révolu de fa mort,
on affemble le plus de Prêtres qu'il fe pourra pour lui dire des Meffes.
Ordonne une aumône générale le jour de fa mort ; que fix pauvres, à
qui on donnera deux aunes de bureau & une paire de fouliers, por-
tent des torches à fon convoi ; & que pendant les trente jours fuivants,
il lui foit dit une Meffe de Morts, avec oblation de pain, vin & chan-
delle, c'eft-à-dire de cierges. Elle legue à l'Eglife une Rente de *vingt
fols Tournois*, affignée fur la Terre, appellée la Terre de Jean de
Montenteaume ; remet à fa fille, Marie de Champrobert, & à Alexandre de S. Gratien fon mari, nommé dans l'afte de S. Granien, tout ce
qu'ils peuvent lui devoir jufqu'à fa mort. Fait d'autres différents Legs pieux ;
établit fes héritiers feuls fes enfants ; & nomme exécuteurs de fon teftament,
Guillaume le Tort ; Jean de Marry, Seigneur de Villaines ; & Jean de
Courvol ; un chacun d'eux pour le tout. Elle furvécut environ deux ans
à fon teftament ; mais fon mari étoit mort au 17. Juin 1440. qu'elle
acheta de Jean & de Philibert, dénommés de *COURVAUL*, les
meubles & effets mobiliers à eux échus, n'a guere par la mort de leur
défunt pere Gaucher de *COURVAUL* : ce font les termes de l'afte
paffé devant Taupin, dit Boudet, Notaire du Sceau de la Prévôté de
Moulins-Engilbert. Elle étoit morte le 21. Août 1441. que fes enfants
tranfigerent fur fa fucceffion devant Jean Boutillat, Notaire fous le Scel
de Moulins-Engilbert : préfents, Frere Louis de Charency, Prieur de S.
Saulges ; Guiot de Bourgoing, Ecuyer, Maître-d'Hôtel du Comte de
Nevers ; Honoré du Gué ; Jean de Marry, Seigneur de Villaines ; &
Hugues du Box, Ecuyers ; & ftipulants d'une part, Jean de Charency,
tant pour lui que pour Jeanne de Champrobert fa femme ; & Georges
de Champrobert, Frere-Germain de ladite Jeanne ; & d'une autre part,
Jean de Courvol leur frere uterin. Gaucher de Courvol eut de fon
mariage avec Jeanne Bidaud, ceux qui fuivent.

    5. JEAN de Courvol, Ecuyer, Seigneur d'Iffenay, &
    de la Forterfeffe de Pouffery en partie ; acquit de quelques par-
    ticuliers une piece de terre, fife au Tremblay par afte reçu,
    Huguenin Bourbon, Clerc Notaire fous le Scel de S. Pierre le
    Moutiers, le premier Juin 1433. Il vendit avec fon frere Phi-

C

libert à leur mere , Jeanne de *POUSSERY*, les effets mobiliers
de la fucceffion de leur pere , le 17. Juin 1440. Il donna des Terres à titre de Bourdelage à Jean Maillet , le 16. Octobre fuivant , devant Jean Guyot , dit Moreaul , Notaire du Scel de
Moulins-Engilbert. Il époufa par Contrat paffé fous le même Scel,

le 26. Juillet 1441. Jeanne de la *TOURNELLE* , de l'Illuftre & ancienne Maifon de ce nom en Bourgogne ; fille de Pierre
de la Tournelle , Ecuyer , Seigneur dudit lieu en Morvant , &
de Jeanne de Lugny. Ce mariage fut fait en préfence de M. le
Bailli de Charollois ; de Jean de Thianges ; de Jean de Marrey,
Seigneur de Villaines ; & d'autres Gentilshommes. Il tranfigea le
21. Août fuivant avec George de Champrobert fon frere uterin,
& Jean de Charency fon beau-frere , ftipulant pour fa femme
Jeanne de Champrobert fa fœur , fur la fucceffion de leur mere
commune , Jeanne Bidaud. Fit un partage de gens ferfs avec Noble , Puiffant Seigneur , Guillaume de Rochefort , Chevalier , Seigneur de Châtillon en Bazois , devant Jean Erart , Clerc Notaire,
le 20. Septembre 1446. fous le Scel de Moulins-Engilbert. Il obtint avec Philibert fon frere la permiffion du Roi Charles VII.
de fortifier leur Terre du Tremblay , de murs , tours , foffés , pont-
levis , barbe-cannes , efchiffes , & autres fortifications néceffaires,
par Lettres datées du Bois Sire-amé , au mois de Juillet l'an de grace

1447. & du regne du Roi Charles VII. le 25. Ils y font dénommés de *CORVAUL*. Les motifs de cette conceffion font la
sûreté en temps de guerre de leurs perfonnes , de leurs biens , de
leurs hommes & de leurs vaffeaux , qui n'avoient d'autre retraite
que la Place de Pouffery , éloignée d'une lieue du Tremblay.
On apprend auffi par ces Lettres , que la Terre du Tremblay re-
levoit immédiatement du Roi ; & que Jean de Courvol & Philibert fon frere la poffédoient en toute juftice ; que les habitants de
cette Terre étoient obligés d'ancienneté d'y faire le guet & la
garde ; & que cet ufage leurs fut prefcrit de nouveau. Ces Lettres
qui font du nombre des Titres originaux , que M. le Comte du
Tremblay a remis à M. de Courvol d'Herry , fe trouvent au tré-
for des Chartres du Roi. Jean de Courvol eft nommé avec fon
même frere (l'un & l'autre fous la dénomination de *CORVOL*)
dans deux Sentences de Guillaume Boudet leur Bailli de Faveray , des 22. Juillet 1449. & 25. Juillet 1450. Il figna au Contrat de Mariage d'Hérard de Courvol fon frere , le 25. Mai 1459.
Jeanne de la Tournelle étoit veuve de lui fans enfants en 1463.

5. PHILIBERT de Courvol, Ecuyer, Seigneur du Tremblay, &c. a eu poſtérité, & va ſuivre.

5. ÉTIENNE de Courvol, Ecuyer, connu par la Thaumaſiere par un Titre de 1448.

5. HERARD de Courvol, Auteur des branches rapportées aux Chapitres II. III. IV. & V.

5. CATHERINE de Courvol, épouſa Jean de *MARREY* (ou de Marry, & même Mary. Nous avons trouvé ces trois différentes énonciations dans les Titres) Ecuyer, Seigneur de Villaines. Elle vendit à Jean de Marrey, Ecuyer, Seigneur des Jours, & de Marrey en partie, couſin de ſon mari, tout ce qui lui appartenoit dans la Terre de Marrey, ſituée en Morvant, dans la Châtellenie de Rouſſillon, pour la ſomme de *huit cens livres Tournois.* L'acte en fut paſſé devant Jean Digoy, Prêtre, Notaire à Autun, le 6. de Juin 1455. Son mari fut l'un des exécuteurs déſignés du teſtament de Jeanne Bidaud ſa belle-mere en 1438. Et aſſiſta aux Contrats de Mariage de Jean & Philibert de Courvol, ſes beaux-freres, des années 1441. & 1454.

Titres de l'Abbaye de S. Martin d'Autun.

5. JEANNE de Courvol, fut femme de Simon *COIGNET*, Ecuyer, Seigneur de Châtenois. Comme nous n'avons pu en découvrir le Contrat ; & qu'il y a eu pluſieurs Maiſons de ce nom, nous ne pouvons déterminer de laquelle étoit ſon mari ; s'il étoit de Meſſieurs Coignet, Comtes de Courçon, près Auxerre, ou d'autres de ce nom. Mais elle en étoit veuve le 27. Juin 1486. & ſigne à cette date & ſous cette qualité, au Contrat de Mariage de Jeanne de Courvol ſa niece, avec Ortongue d'Aſſue ; à qui elle donne ſa Terre de Châtenois-le-haut ; & tout ce qu'elle peut avoir dans celle de Colons, Paroiſſe de Soumentron, en reconnoiſſance de ſon attachement à ſa perſonne. La Thaumaſiere l'a confondue avec Jeanne de Champrobert ſa ſœur uterine, en lui donnant pour premier mari, Jean de Charency, qui le fut de celle-ci ; & qu'il nomme *CARENCY.*

On peut placer ici au nombre des enfants de Gaucher de Courvol.

5. GUILLAUME de Courvol, Prieur de Commagny, qui fit un partage au nom du Comte de Nevers, avec Jean Quedar, Licentié ès Loix, Conſeiller & Procureur général du même Prince, de pluſieurs ſerfs, l'an 1445.

Titres de la Chambre des Comptes de Nevers.

V.

PHILIBERT de COURVOL, Ecuyer, Seigneur du Tremblay,
de Faveray, d'Iſſenay, de Montaron, de Pouſſery & de Tais, de
toutes en partie, ſelon les divers Titres que nous allons employer ; vendit à ſa mere avec Jean ſon frere, le 17. Juin 1440. les effets mobiliers de la ſucceſſion de feu leur pere ; & obtint avec ſon même frere,
du Roi Charles VII. en 1447. la permiſſion de bâtir une fortereſſe au
Tremblay. Il eſt nommé avec le même dans deux ſentences de leur
Bailli de Faveray, des 22. Juillet 1449. & 25. Juillet 1450. Il fit un
partage d'hommes ſerfs, avec Jean du Box, Ecuyer, Seigneur en partie
de Pouſſery, ainſi que lui, le 11. Février 1451. devant Hugues Boutillat, Notaire ſous le Scel de Moulins-Engilbert. L'un & l'autre reçurent
en conſéquence de ce partage, ſous le même Scel devant le même Notaire, le 9. Octobre 1452. la reconnoiſſance reſpective des hommes ſerfs
qui leurs étoient échus. Dans ces deux Titres, Philibert eſt dénommé de
COURVAUL ; & dans un autre du 20. Mars 1451. de *COURVAU,*
Seigneur du Tremblay. C'eſt un Titre de Bourdelage à ſon profit, contre
Pierre Laboureaul, reçu Pierre Pinaut, Notaire ſous le Scel de Moulins-
Engilbert. Le 25. ſuivant, il fût maintenu par une Sentence du Baill-
lage de S. Pierre le Mouſtiers, dans le droit de faire paſſer dans un ſien
Pré, nommé le Pré de Chaugy, entre Chaugy & Pouſſery, le ruiſſeau
des Ruaux. Il donna le 19. Juin ſuivant, devant Alexandre Janin, Clerc
Notaire ſous le même Scel le dénombrement des Terres qu'il poſſédoit,
relevant de celle de Vendeneſſe, à Louis de Beaufort, Comte d'Alet,
Marquis de Canillac, Vicomte de la Motte, à cauſe de Noble Dame,
Madame Jeanne de *NORRY* ſa femme, Dame dudit Vendeneſſe. Nous
verrons par la ſuite une alliance avec la Maiſon de Norry, par le Mariage de Marguerite de Bauldoin, petite fille de Philibert de Courvol,
par ſa mere Anne de Courvol, avec Antoine de Norry, du 3. Août 1518.

    PHILIBERT de Courvol, épouſa par Contrat du 10. Septembre
1454. paſſé devant Matthé, Clerc Notaire ſous le Scel Royal de S. Pierre
le Mouſtiers, Agnès *de S. JULIEN*, fille de Noble Homme Jean de S. Julien, Ecuyer, Seigneur de Neully, & de Dame Agnès de Courtenay ſa
femme, de la branche des Seigneurs de Champignelles & de Bleneau ;
lequel tant en ſon nom, qu'au nom de ladite Dame ſa femme, dotte,
Agnès de S. Julien leur fille, de *cinq cens cinquante écus d'or*, qu'elle ſera
tenue de rapporter en venant à partage avec ſes freres & ſœurs. Philibert
futur époux, qui dans cet acte eſt dit de *CORYOL*, Ecuyer, Seigneur du
Tremblay, lui aſſigne pour douaire les Terres de Faveray & de Pouſſery :
préſents Noble Seigneur, Mille de Paillart, Chevalier, Seigneur de Mur-

fault, Chambellan de M. le Comte de Nevers; Erard du Bruillard, Seigneur d'Arcy fur Querre; Guillaume de Ferrieres, Seigneur de Champlenaye; Antoine de la Tournelle, Seigneur de Maifonconte; & Jean de Marrey, Seigneur de Villaines, Ecuyers. Il y a eu tant de différentes Maifons de S. Julien éteintes pour la plûpart, qu'il nous eft impoffible de déterminer de laquelle pouvoit être Agnès, quoique nous ayons fon Contrat en main. Morery dans les dernieres éditions, fait bien mention du mariage de fon pere Jean de S. Julien, avec Agnès de Courtenay fa mere, fille de Pierre de Courtenay II. du Nom, Seigneur de Champignelle, S. Briffon, Bleneau, & Nuilly; & d'Agnès de Melun, & veuve de Hugues d'Autruy, Seigneur de Brion: mais cela ne nous eft d'aucun fecours pour découvrir, au moins quant à préfent, à quelle Maifon de S. Julien appartiennent ceux-ci.

P H I L I B E R T de Courvol rendit hommage au Comte de Nevers, pour les Seigneuries de Faveray & de Tais, & pour la Tour d'Iffenay, dans les années 1454. & 1456. Et donna quelques héritages en Bourdelage à Pierre Laboureaul, de la Paroiffe d'Iffenay, le 29. Mars 1461. fous le Scel de la Prévôté de S. Pierre le Mouftiers. Il y eft dénommé de *C O U R V A U L T*, Ecuyer, Seigneur du Tremblay. Il reçut quittance du Chapitre de Nevers, pour un remboursement qu'il fit le 12. Janvier 1462. devant Guillaume Pomereu, Prêtre, Notaire du même Scel. Maria en 1480. Anne de Courvol fa fille, avec Guillaume de Bauldoin; & en 1486. Jeanne fon autre fille, avec Ortongue d'Affue. Sa femme & lui étoient morts en 1494. que leurs enfants partagerent leurs fucceffions. Ils fuivent.

Titres de la Chambre des Comptes de Nevers.

6. G A U C H E R de Courvol IV. du nom, Ecuyer, partagea avec fes freres Alexandre, Antoine & Guy, de l'avis de Jean du Pontot, Jacques de Villaines & Ortongue d'Affue, leurs prochaints parents, la fucceffion de leurs pere & mere, Philibert de Courvol & Agnès de S. Julien. La Terre du Tremblay & de Tais lui échurent; & il eut d'ailleurs la Tour du Tremblay (ou Château) pour fon droit d'aîneffe. Quant au furplus qu'il prétendoit à ce Titre, confiftant dans le meilleur homme ferf & le meilleur des chevaux; cela fut renvoyé à la décifion defdits Arbitres. L'acte de partage eft du 12. Avril 1494. reçu Guy Cothion, Prêtre, Notaire du Sceau Royal de S. Pierre le Mouftiers. Les 9. 10. 11. 12. Décembre fuivant, il fut procédé au partage des effets mobiliers, entre les mêmes, Gaucher, Alexandre, Antoine, Guy, Anne leur fœur & Guillaume de Bauldoin fon mari; dans lequel Jeanne de Courvol leur autre fœur & Ortongue d'Affué fon mari, font rappellés, quoique abfents en préfence de Nobles Hommes Ad-

morat de Franay, Seigneur d'Anify; & Guillaume de Bauldoin, Seigneur dudit lieu, Ecuyers, qui fignerent à l'acte qui en fut dreffé le 17. par le même Notaire ; & du même jour, devant le même, & de l'avis de ces Meffieurs. Par acte féparé, Alexandre, Antoine & Guy de Courvol, accorderent à Gaucher leur frere aîné, fur ce qu'il fe croyoit léfé dans le partage du 12. Avril précédent ; & fur ce qu'il ne fe croyoit pas rempli pour fon droit d'aîneffe, par la Tour ou Château du Tremblay, à lui cédée à ce titre ; une Rente fur chacun d'entr'eux de *cinq livres*, faifant en tout *quinze livres*, payable à Noel. Ils font dénommés dans ces trois actes de *COURVAUL*. Gaucher affifta tant en fon nom, qu'au nom de Guy fon frere, fondé de fa procuration au Mariage d'Antoine fon frere, avec Jeanne de Cefac, le 12. Juin 1500. Et lui fit donation de fes Terres, & de celles de Guy leur frere, en conféquence de la fufdite procuration, fous la réferve pour l'un & l'autre de l'ufufruit. Il ratifia le même Contrat après la confommation du Mariage, le 17. Août fuivant. Signa à fon fecond Contrat avec Philiberte de la Perriere, du 11. Août 1503. Et dans ces trois actes, il lui affure fes Terres du Tremblay & de Tais, ne s'en réfervant que l'ufufruit. Il eft dénommé avec Guy fon frere dans un titre de Bourdelage, qu'Antoine leur frere paffa le 13. Décembre 1511. tant en leur nom qu'au fien ; & mourut fans avoir pris alliance.

6. J E A N de Courvol, Ecuyer, Seigneur de Montaron, n'eft connu que de la Taumafiere ; qui peut s'être trompé, & avoir placé ici parmi les enfants de Philibert, Jean de Courvol, fils d'Herard. Au moins n'en trouvons-nous aucun veftige dans les Titres de cette filiation, qui au furplus paroiffent fe fuivre fans lacune ou interruption.

6. A L E X A N D R E de Courvol eft qualifié l'un des Valets fervants, (c'eft-à-dire Gentilshommes fervants) de Monfeigneur le D U C D E B R A B A N T, Comte de Nevers, &c. dans un état des Officiers domeftiques de ce Prince du premier jour de l'an 1477. avec Engilbert, batard de Cleves ; Antoine de Roffignac ; Jean d'Affigny; Charlot Cholet; & François de la Roche, au nombre de fix. Il partagea le 12. Avril 1494. avec fes freres les immeubles de la fucceffion de leurs pere & mere ; & eut pour fa part les Terres du grand & petit Faveray & de Villiers fur Noyn, fous la réferve d'un quart, qui fut deftiné avec Montaron & Pouffery, à former le dernier lot qui échut à Guy. Le 17. Décembre fuivant, il

partagea avec les mêmes, & Anne & Jeanne leurs sœurs, les effets mobiliers ; & par un acte séparé de même date, il constitua à
son frere aîné Gaucher, une Rente de *cinq livres* sur ses biens, pour
l'indemniser de la lésion qu'il prétendoit avoir souffert dans le partage du 12. Avril précédent. Il fut constitué Procureur général
avec son même frere Gaucher, par Guy leur frere, en date du
21. Mai 1500. à l'effet de consentir au mariage d'Antoine de Courvol leur frere, avec Jeanne de Cesac ; mais il ne paroît point y
avoir comparu. Il donna à Jean Turreau, laboureur, demeurant à
Villardeau, Paroisse de S. Martin du Troussay, plusieurs héritages
à charge de Cens, Rentes, Terrage & Champart : reçu Guillaume Marion, Prêtre, Notaire, 12. Février 1502. sous le Scel de la
Prévôté de Longreth-les-S. Laurent, l'Abbaye. Il ne paroît point
avoir été marié ; & mourut avant Guy, son frere, qui est déclaré
en avoir hérité, dans une transaction entre leurs héritiers, de
1529. Et Guy de son côté ne vivoit plus dès 1524. selon une autre transaction, du 10. Novembre de la même année. Il sera fait
mention de ces deux pieces ci-après.

6. A N T O I N E de Courvol, Ecuyer, Seigneur d'Issenay, & de Tais,
qui suit.

G U Y de Courvol, Prêtre, Licencié ès décrets, & Prieur Commendataire de S. Victor de Nevers, eut les Terres de Poussery, &
Montaron, avec un quart sur le grand & petit Faveray, & sur
Villiers sur Noyn, par l'acte de partage entre ses freres & lui, du
12. Avril 1494. & sa portion avec ses mêmes freres, & Anne,
& Jeanne, leurs sœurs, dans les effets mobiliers de la succession de
leurs pere & mere, par acte du 17. Décembre suivant. Le même
jour par un acte séparé, il créa une Rente de *cinq livres* sur son
lot, ainsi que ses autres freres, en faveur de Gaucher son aîné
pour le dédommager sur ce qu'il se croyoit lésé dans le partage.
Il fut arbitre avec Jean du Pontot, dans la transaction passée le
30. Janvier 1495. entre Guillaume de Bauldoin, tant en son nom
qu'au nom d'Anne de Courvol, sa femme, y dénommée *C O U R-
V O U L* d'une part ; & Guy de Bauldoin, Prêtre ; & Pierre de
Bauldoin, Ecuyer d'autre part : faisant tant pour eux que pour
Marguerite du Pontot, leur mere ; & Jeanne, & Marguerite de Bauldoin, leurs sœurs, sur des discussions pour partage de famille : l'acte
passé devant Guy Cothion, Prêtre, Notaire sous le Scel de S.
Pierre le Moustiers. Il créa ses Procureurs généraux & spéciaux, à

l'effet de confentir en fon nom au mariage d'Antoine , fon frere ;
avec Jeanne de Cefac ; & de lui donner en confidération dudit
mariage la propriété de fes Terres , fous la réferve de l'ufufruit
fa vie durant. Gaucher & Alexandre de Courvol, fes freres ; Jacques de Boifferand , Seigneur de Lamena ; & Jean du Pontot ,
Ecuyers , & plufieurs autres y dénommés , chacun d'eux pour le
tout : reçû Denis Guerry , Clerc Notaire fous le Scel de Nevers,
le 21. Mai 1500. Ce Contrat de mariage , paffé le 12. Juin fuivant,
fut ratifié le 17. Août enfuite par les mêmes parties ; & Guy y
ftipula en perfonne. Il figna au fecond Contrat de fon même frere ,
avec Philiberte de la Perriere , le 21. Août 1503. & lui confirma
fa donation fous la même réferve de l'ufufruit. Jean de la Perriere
lui avoit donné procuration pour terminer une affaire qui le con-
cernoit , par acte du 25. Janvier précédent , paffé devant Pierre
Cothion , Prêtre , Notaire du Scel de S. Pierre le Mouftiers. Il eft
nommé avec Gaucher fon frere dans un Titre de Bourdelage , du
13. Décembre 1511. paffé par Antoine leur frere , ftipulant pour
eux comme pour lui. Il fut tuteur des enfants de fon même frere
Antoiné , & reçut en cette qualité la donation que leur fit Philiberte
de la Perriere , leur mere, de plufieurs Terres & Seigneuries , le 20.
Juin 1518. où ils font tous nommés de *COURVOUL*. Il affifta
le 3. Août fuivant au Contrat de mariage de Marguerite de Bauldoin, fa niece , fille de Guillaume de Bauldoin ; & d'Anne de Courvol , fa fœur, avec Antoine de Norry, Ecuyer, Seigneur de Palluaut en partie. L'acte paffé à Bauldoin , devant Jean Baudrel ,
Prêtre , Notaire fous le Scel de Defife ; & figné de Claude de Bauldoin , Ecuyer , Seigneur dudit lieu , frere de la future ; de Pierre
de Bauldoin , fon coufin - germain ; de Claude de Norry ,
Ecuyer , Seigneur de Palluaut en partie ; de Durand de Mimers,
auffi Seigneur dudit lieu ; & d'Edme de la Chapelle , Seigneur de
Monjattemain , tous Ecuyers. A cette piece , fe trouve jointe une
quittance des conjoints , paffée devant le même Notaire , le 10.
Mai 1529. & figné de Sébaftien de Rabutin , Seigneur de Sou-
vigny ; & d'Herard Bonneau , Seigneur de Bobe , Ecuyers ; par
laquelle ils reconnoiffent avoir reçu toute la dote de Marguerite
de Bauldoin , de Claude, fon frere. Guy paffa une transaction ,
comme tuteur des enfants de fon frere Antoine , le 15. Janvier
1519. & avoit hérité de fon frere Alexandre, comme il paroît par
une autre transaction entre fes héritiers, du 24. Novembre 1529.
dont nous parlerons enfuite. Il ne vivoit plus en 1524. felon
une transaction du 10. Novembre de cette année.

§. ANNE

6. A N N E de Courvol fut mariée par Contrat du pénultieme de Juillet 1480. avec Guillaume de *B A U L D O I N*, Ecuyer, Seigneur dudit lieu : reçu Guy Cothion, Prêtre, Notaire fous le Scel de S. Pierre le Mouftiers. Philibert de Courvol fon pere, la dote de toute la Terre & Seigneurie qu'il a en la Paroiffe de Seguify ; de toute fa Terre d'Anlecy ; Brinon ; & tout ce qu'il a en la Paroiffe de Tugny, avec *cent écus d'or*, fortiffant nature de meubles : préfents Nobles Hommes Guillaume Donay ; & Bertrand Roux, Ecuyers. Elle partagea avec fes freres & fœurs les meubles de la fucceffion de fon pere, le 17. Décembre 1494. Son mari eft nommé dans l'acte, ainfi que dans un autre du même jour ; par lequel Gaucher, frere d'Anne fa femme, eft dédommagé de la nonvaleur de fon lot. Il eft encore nommé avec elle dans la tranfaction du 30. Janvier 1495. dirigée fous la médiation de Guy de Courvol, oncle de fa femme ; & dans laquelle l'un & l'autre étoient parties. Anne de Courvol époufa en feconde nôce Jean de *F R A N A Y*, Ecuyer, Seigneur de Mouche, felon une tranfaction du 24. Novembre 1529. dont nous parlerons ci-après.

> Bauldoin : d'or à la Croix pattée de gueules.

6. J E A N N E de Courvol époufa Ortongue d'*A S S U E*, Ecuyer, par Contrat du 27. Juin 1486. paffé devant Laurent le Seurre, Notaire Royal du Sceau d'Auxerre : elle y eft dite abfente. Philibert de Courvol fon pere y eft nommé, ainfi qu'elle de *C O U R V A U L* ; & eft dit Ecuyer, Sire du Tremblay ; il y ftipule pour elle, & lui affigne pour dote la Terre de Châtenois-le-bas ; & tout ce qu'il peut avoir dans la Terre & Seigneurie de Aune, avec *quatre cens livres*, fortiffant nature de meubles. Il fe charge d'ailleurs de l'habiller comme il appartient à fille de Noble Maifon (ce font les termes de l'acte.) Jeanne de Courvol, veuve de feu Noble Simon *C O I G N E T*, Ecuyer, en confidération des foins & fervices que lui a rendu, Jeanne future époufe fa niece, lui donne la Terre de Châtenois-le-haut, à elle appartenant ; avec tout ce qu'elle peut avoir dans celle de Colons, Paroiffe de Soumentron ; & s'en défaifit pour l'en revêtir. Jeanne de Courvol future époufe, partagea avec fes freres & fœurs les meubles de la fucceffion de fon pere, le 17. Décembre 1494. fon mari affifta comme témoin au partage fait entre fes freres, le 12. Avril précédent. De leur mariage font fortis les Seigneurs de Châtenay-le-vieil & de Leugny, tombés dans la Maifon de Prie.

> Affue : de gueules, à une Croix accourcie d'or à trois faces ondées de fable.

V I.

A NTOINE de COURVOL, Ecuyer, Seigneur d'Iffenay : Terre qui lui vint par le partage du 12. Avril 1494. entre fes freres & lui ; partagea également avec les mêmes ; & leurs fœurs Anne & Jeanne, les meubles de

D

la fucceffion de leurs pere & mere, le 17. Décembre fuivant ; & du même jour par acte féparé, il s'engagea à faire une Rente de *cinq livres*, ainfi que fes freres Alexandre & Guy, à Gaucher leur aîné, en indemnité de la nonvaleur qu'il prétendoit fe trouver dans fon lot. Il donna à titre de Bourdelage des héritages à Pierre Maillot, le premier Mars 1495. devant Guy Cothion, Prêtre, Notaire fous le Scel de Moulins-Engilbert ; il y eft dénommé de *CORVAULT*. Il époufa le 12. Juin 1500. (& non 1499. comme nous l'avons dit dans la premiere édition d'après la Thaumafiere) Jeanne de *CESAC* ou Sefac ; (le nom eft écrit en ces deux façons) fille de feu Noble, & puiffant Seigneur Guinet de *CESAC*, Chevalier, Seigneur de Beaulfon & de Grifieux ; & de Noble Dame Marguerite de Marfe ou Merfe, (on lit l'un & l'autre.) Ladite future procédant de l'autorité de fadite mere, & de Dom Pierre de Cefac, Prieur d'Abeville & de S. Reverien, ordre de S. Benoît ; Antoine futur époux y eft affifté de Gaucher fon frere aîné, qui y ftipule tant en fon nom, que comme fondé de procuration de Guy de Courvol, Prêtre, Licencié ès décrets, en date du 21. Mai 1500. Et en vertu de ces pouvoirs, il affure la propriété des Terres de Pouffery & Montaron, appartenant à Guy, lui en réfervant l'ufufruit, à Antoine leur frere, futur époux ; à qui de fon côté il donne fa Terre du Tremblay, fous la même réferve de l'ufufruit, en confidération du préfent Mariage : préfents Nobles Hommes Antoine de Château-Saudeuil, Ecuyer, Seigneur dudit lieu & de Chaux ; & François de Gozole, Ecuyer, Seigneur de Lubez : reçu Guillaume-Pierre, Clerc Notaire fous le Scel de S. Pierre le Mouftiers ; & Henri Blondeau, Clerc Notaire fous le Scel de la Chancellerie du Duché de Bourbonnois. Ce Contrat fut ratifié après la confommation du Mariage, le 17. Août fuivant à Iffenay, devant Guillaume-Pierre & Étienne de Bois, Notaires fous le Scel de S. Pierre le Mouftiers : Guy de Courvol y comparoiffant en perfonne. Dans ces deux pieces le nom eft écrit *CORYOL*, à l'exception de la procuration de Guy, où on lit parfaitement *CORVEL*. Antoine vendit quelques Cents & Rentes à Jean de Coffay, Ecuyer, Seigneur de Baune, le 5. Juin 1502. devant Antoine Boulart, Clerc Notaire du Sceau de S. Pierre le Mouftiers. Jeanne de Cefac fa femme, mourut le 12. Octobre de cette année ou de la précédente 1501. felon un acte de fondation, fait pour elle, par Antoine fon mari, le 7. Septembre 1503. dans lequel il eft dit qu'elle avoit tefté ; mais cette piece n'eft pas venue jufqu'à nous.

La Perriere : d'argent à une face de fable, abbaiffée fous trois têtes de Leopard de même armées, Lampaffées & couronnées de gueules.

ANTOINE prit une feconde alliance avec Philiberte de la *PERRIERE*, d'une ancienne Maifon du Nivernois ; dont il ne fubfifte plus qu'une branche, établie depuis près d'un fiecle dans la Saintonge, poffédant plufieurs Terres, près S. Jean d'Angely ; & connue fous le nom de la Perriere de Roiffé. Cette branche fort de celle du Nivernois, qui y a poffédé les Terres de Billy ; Franay; S. Franchis en Nachieres ; Bafoches ; Gafcogne ; Champcourt ; le Bouchet & Yeaux. Ce font Meffieurs de la Perriere de Saintonge qui nous ont fourni les

Armes de cette Maifon ; & celles de Maulmigny que nous plaçons ici. Nous avions tiré celles de la Perriere, que nous avons employé dans notre premiere édition, d'un armorial ; mais fe trouvant différentes de celles-ci, elles doivent concerner une autre Maifon de même nom.

PHILIBERTE de la Perriere, étoit fille de Jean de la Perriere, Ecuyer, Seigneur de la Bove, & de S. Michel en Longue-Salle ; & de feu Jeanne de Maulmigny ou Maumigny, on trouve même quelquefois Mauvigny. Ladite future procédant de l'autorité de fondit pere ; qui outre la dote qu'il lui affigne, la conftitue fon unique, feule & irrévocable héritiere, au préjudice de Marie fa fœur ; pour s'être mariée contre fon gré à Edme de *MAULMIGNY* (ou Maulvigny, on trouve l'un & l'autre,) coufin germain de feu Jeanne de Maulmigny fa femme. Gaucher & Guy de Courvol y confirment de nouveau à Antoine leur frere, la donation qu'ils lui avoient faite lors de fon premier mariage, avec Jeanne de Cefac, des 12. Juin & 17. Août 1500. Ce Contrat fut paffé le 21. Août 1503. devant Guy Cothion, Prêtre, Notaire fous le Scel de S. Pierre le Mouftiers, en préfence de Nobles Hommes, Guy le Tort, Seigneur de Champrenot ; François le Tort, Seigneur de Champcourt ; & Jean de Bafore, Seigneur de Treizy, Ecuyers : le nom dans cet afte eft écrit *COURVOL*.

Maulmigny; de gueules au chevron d'or, accompagné de trois Tours de même, deux en chef, une en pointe.

ANTOINE fit devant le même Notaire, le 7. Septembre fuivant une fondation dans la Chapelle de Notre-Dame d'Iffenay, fondée par fes prédéceffeurs ; d'une Meffe tous les Lundi à perpétuité, avec la récommandation après la Meffe, fur le tombeau de feu Jeanne de Cefac, fa femme ; & un Anniverfaire de vigile, grand'Meffe & *Libera*, le 12. de chaque mois d'Oftobre, que trépaffa, & fut inhumée ladite Dame ; & ce conformément à fon Teftament & derniere volonté ; & fuivant certains appointements, faits & paffés entre ledit Antoine & Madame Marguerite de Marfe, fa belle-mere, devant Étienne du Bois, Notaire, le 19. Août précédent. Il acheta avec fa femme de Jean de la Perriere fon beau-pere, une Rente de *dix livres Tournois* par afte paffé devant Guy Cothion, Prêtre, Notaire, le 3. Décembre 1504. Le 9. Janvier 1506. devant le même, il donna à Guillaume Colin d'Iffenay, certains héritages à titre de Bourdelage ; & le 10. Décembre 1509. au même titre, un Pré en friche à Pierre Cothion. Il paffa un même Bail, tant en fon nom, qu'au nom de Gaucher & de Guy fes freres, à Jean Gaignard de Martigny, Paroiffe de Cercy-la-Tour, le 13. Décembre 1511. devant Jean Boulier, Prêtre, Notaire fous le Scel Royal de S. Pierre le Mouftiers ; ils y font dénommés de *COURVOULX*. Il fit une donation avec Philiberte de la Perriere fa femme, à Claude de Bauldoin, étudiant en l'Univerfité de Paris, fon neveu, fils d'Anne fa fœur, des meubles & de la Terre de S. Gervais-les-Verneuil ; provenants de la fucceffion de feu Jean de la Perriere fon beau-pere, par afte du 30. Mars 1513. paffé devant Jean Baudrel, Prêtre, Notaire fous le Scel de Moulins-Engilbert.

Il étoit mort le 20. Juin 1518. que, devant le même Notaire, Philiberte de la Perriere, fa veuve, fit une donation entre-vif à Louis & Jeanne de Courvol, fes enfants abfents ; ftipulant & acceptant pour eux, Guy de Courvol leur oncle & tuteur, des Terres & Seigneuries de Thomery, en la Paroiffe d'Ofnay ; de S. Gervais, en la Paroiffe de Verneuil ; la Bove ; Poilly ; & autres Terres en la Paroiffe de Revilly, & S. Michel en Longue-Salle ; dont elle remet la propriété à fefdits enfants, s'en réfervant l'ufufruit : crainte, comme elle le déclare, qu'étant dans la réfolution de fe rémarier, fon mari ne l'engageat à quelque vente préjudiciable à fefdits enfants, Louis & Jeanne, dénommés dans l'acte, ainfi que feu leur pere, & que Guy leur oncle & Tuteur acceptant de *C O U R V O U L*.

P H I L I B E R T E de la Perriere fut mariée la même année, à Jean de *L O D I N E S*, dit Jam-Pierre, Ecuyer, Seigneur de la Bouhe ; lequel tranfigea le 15. Janvier fuivant, tant en fon nom, qu'au nom de Philiberte de la Perriere fa femme : réuni avec Guy de Courvol, Tuteur des enfants d'Antoine fon frere & de ladite Philiberte ; & un nommé Robert Micho d'une part ; & d'autre part, Marie de la Perriere, fœur de ladite Philiberte ; & veuve d'Edme de Maulmigny, Ecuyer, Seigneur dudit lieu & de la Bouhe ; tant en fon nom, que comme Tutrice de fes enfants, pour un fomme de *mille fix cents livres* ; à laquelle elle avoit été condamnée par Sentence du Baillage de S. Pierre le Mouftiers, fur des excès commis par feu fon mari. La préfente tranfaction lui remet la majeure partie de cette fomme, en confidération de la proximité du fang ; & fut paffée devant Philibert Jourdain, Notaire fous le Scel de Nevers : Meffieurs de Courvol y font tous nommés de *C O R V O U L*, à l'exception de Guy, qui eft dit de *C O R V O L* : après le décès de qui François de Boifferand, Ecuyer, Seigneur de Lamena ou Lamenay, (on trouve l'un & l'autre) fut fait Tuteur des enfants d'Antoine fon frere. Ce fut en cette qualité qu'il tranfigea avec Étienne du Pontot, Ecuyer, Seigneur de Pouffery en partie, pour quelques Droits & Rentes refpectives fur ladite Terre, Philiberte de la Perriere, dont il eft fréquemment parlé dans cet acte, comme mere des pupilles, Louis & Jeanne de Courvol ; & veuve d'Antoine leur pere, y eft invariablement dénommée *Jeanne de la Perriere*, & fon mari, ainfi que fes enfants de *C O R V O U L*. Cet acte fut reçu le 10. Novembre 1524. par Jean Dorlet, Notaire fous le Scel de Moulins-Engilbert. Jean de Lodines paffa une nouvelle tranfaction, le 24. Novembre 1529. à Faveray, devant Jean Pouvefte, Clerc Notaire fous le Scel de Cenquoins, reffort du Baillage de S. Pierre le Mouftiers, comme Curateur de Louis de Courvol ; & fondé de procuration de Philiberte de la Perriere fa femme, & mere dudit Louis, en date du 17. précédent. Dans cet acte il tranfige avec Jean de Franay, Ecuyer, Seigneur de Mouche, qui fait tant en fon nom, qu'au nom d'Anne de Courvol, veuve de Guillaume de Bauldoin, fa femme ; pour répétition de Droits fur la fuccef-fion de Guy de Courvol ; qui de fon côté ayoit hérité d'Alexandre fon frere, dont Louis & Jeanne de Courvol, mariée à Jacques de Reugny, leurs neveu & niece avoient hérité ; & fur lefquelles fucceffions, Jean de Franay avoit des prétentions par fa femme Anne de Courvol, fœur defdits Alexandre & Guy. Cet acte regle les Droits refpectifs des parties ; & accorde une Rente de *vingt livres Tournois* à Jean de Franay.

PHILIBERTE de la Perriere eut des enfants de Jean de Lodines fon fecond mari : au moins lui connoiffons-nous Magdelaine de Lodines ; qui dans une tranfaction du 21. Juillet 1566. que nous rapporterons dans fon lieu, eft dite femme de Jean de Moroges, & fœur uterine de Jeanne de Courvol qui y ftipule. Elle avoit eu de fon premier mari Antoine de Courvol, ladite Jeanne, & Louis fon frere qui fuivent.

7. LOUIS de Courvol, Ecuyer, Seigneur du Tremblay, &c. fut fucceffivement avec fa fœur Jeanne, fous la Tutelle de Guy de Courvol fon oncle, Prêtre, Prieur Commendataire de S. Victor de Nevers, & Licencié ès Décrets ; & de François de Boifferand, Ecuyer, Seigneur de Lamena, qui fut fubrogé au premier après fa mort. Il eut pour Curateur Jean de Lodines, Ecuyer, Seigneur de la Bouhe fon beau-pere : fa mere lui fit, ainfi qu'à Jeanne fa fœur en 1518. une donation entre-vif de Thomery, Paroiffe d'Onay ; de S. Gervais-les-Verneuil ; la Bove ; Poilly ; & autres Terres en la Paroiffe de Revilly, & S. Michel en Longue-Salle. Guy de Courvol fon oncle & fon Tuteur ; François de Boifferand, qui fut chargé de fa tutelle après la mort de celui-ci ; & Jean de Lodines fon beau-pere & fon Curateur, pafferent en fon nom ; & au nom de fa fœur, différentes procurations dont il a été parlé ci-deffus. Il hérita avec fa fœur de Guy de Courvol fon oncle ; qui de fon côté avoit hérité d'Alexandre fon frere, auffi leur oncle, felon une de ces tranfactions, du 24. Novembre 1529. citée ci-deffus. Il époufa par Contrat du 16. Mars 1531. devant Jean Henry, Clerc Notaire fous le Scel de Nevers, Philippe de *S. PERE*, fille de feu Noble Homme Jean de S. Pere, Ecuyer, Seigneur de Vero ; & de Noble Damoifelle Paule le *BOURGOING*, procécédant de l'autorité de fadite mere, qui lui affigne *fept cents livres Tournois*, fortiffant nature de meubles ; & lui donne les Terres & Seigneuries de Vero ; S. Gratien ; la Guette ; & Martigny, dont elle jouira jufqu'à la majorité de fon frere Jean de S. Pere, fans rendre compte ; fe réfervant la Terre d'Olon pour elle, fur laquelle elle fe charge de la penfion dûe & affignée à Françoife de S. Pere fa fille, Religieufe à Notre-Dame de Nevers: préfents Nobles Hommes, François de la Chapelle, Ecuyer, Seigneur dudit lieu ; & André Cotet, Curé de Tais & de Biart. Louis de Courvol mourut peu après fon mariage, & fans poftérité ; & en 1534. Jeanne fa fœur avoit hérité des Terres de Faveray, & de Villiers-fur-Noyn ; dont Jacques

S. Pere: d'or à la bande d'afur, accoftée de deux Coriffes de même

Le Bourgoing: d'azur, à l·· Croix ancrée d'or,

de Reugny fon mari rendit hommage en fon nom à la Tour de Donfy, le 6. Septembre de cette année.

7. JEANNE de Courvol, Dame du Tremblay ; d'Iffenay ; de Pouffery ; de Faveray ; de Tais ; & autres Terres ; héritiere par la mort de Louis fon frere des biens de fa branche ; eut pour Tuteur d'abord Guy de Courvol fon oncle : & enfuite après la mort de celui-ci, François de Boifferand, Ecuyer, Seigneur de Lamena & de Vaux ; lequel la maria à Jacques de *REUGNY*, Ecuyer, Seigneur de Riegot & de Lancray : & la dota de *trois mille livres* pour tous droits paternel & maternel ; aufquels elle renonce en faveur de fon frere feulement. Le préfent Contrat figné par Nobles Hommes Jean de Damas, Seigneur de Crux & de Montaigu en partie ; Joachim Girard, Seigneur de Chevenou, Sermoife, Bois-Joly & S. Franchis; Jean & Louis de la Vallée, Seigneurs dudit lieu ; Vincent de Reugny, frere dudit futur ; Jacques de Franay, Seigneur d'Anify ; Jean de Franay, Seigneur de Mouche ; François de la Chaume, Seigneur de Bevron ; & Charles des Paillards, Seigneur de Gilverdy, Ecuyers : paffé au lieu de S. Franchis en Nachiere, par Jean Dubois, Clerc Notaire, le 8. Octobre 1526. fous le Scel de la Prévôté de Nevers. Jacques de Reugny étoit fils de Philippe de Reugny, Ecuyer, Seigneur de Reugny ; de Riegot ; Promeffon & autres lieux ; & de Catherine de Marrey.

La Maifon de Reugny eft une des plus anciennes du Nivernois ; & s'eft alliée avec les Maifons de Partenay, de Bongars-d'Arfilly, de Regnier, de Guerchy, de la Riviere, de Choifeul, de Loron & autres. La Thaumafiere en donne la généalogie dans fon Hiftoire du Berry, *page* 957. & c'eft à cette occafion qu'il donne celle de la branche de Jeanne de Courvol, femme de Jacques de Reugny. A fon exemple nous donnerons auffi en racourci celle de la Maifon de Reugny à la fin de celle-ci ; & nous y ajouterons les dégrés poftérieurs que nous avons levé pour la conduire jufqu'à nos jours de l'année derniere 1752. C'eft le moins que nous puiffions faire, pour marquer combien la maifon de Courvol eft fenfible à la généreufe remife, qu'il a plu à Meffire Louis-Alexandre de *REUGNY*, Chevalier, Seigneur, Comte du Tremblay ; iffu de Jacques de Reugny, & de Jeanne de Courvol fes Aïeux, de lui faire, des titres qui la concernent, & paffés dans fa maifon, par le mariage dudit Jacques, avec ladite Jeanne en 1526. Un fi grand trait de générofité eft fans exemple & fans prix ; & il étonnera par l'étendue du zele & du travail : car enfin M. le Comte du Tremblay, s'étant apperçu que plufieurs de ces précieux titres paffoient fouvent à des ufages deftructifs, prit le parti de fauver de ce fort fatal, ceux qui lui tomberoient fous la main, pour les faire paffer à Meffieurs de Courvol ; & enfuite il forma la réfolution d'en faire un dépouillement général : & a confacré une année entiere dans cette fatigante recherche pour engager ſes couſins ; (c'eſt ainſi qu'il les nomme dans les lettres qu'il nous adreſſe ,) à faire travailler à une nouvelle édition de leur Généalogie plus étendue & plus circonſtanciée par le ſecours de ces précieux titres récouvrés. Pour n'y rien laiſſer à déſirer , il y a joint une copie vidimée du Contrat de Mariage de Jacques de Reugny , avec Jeanne de Courvol ; & à fait préſent du tout à Meſſire Raco-François de Courvol , Chevalier, Seigneur d'Herry en Berry , près la Charité ſur Loire. Cette copie eſt du 26. Octobre 1751. par Charpin Notaire Royal de Cercy-la-Tour , contrôlée le même jour par Urſin en l'abſence du Commis.

Reprenons la ſuite des actes de Jeanne de Courvol : Jacques de Reugny ſon mari , rendit foi & hommage à Henry de *FOIX* , Comte de Comminges , Baron de Donſy , pour les Terres de Faveray & Villiers ſur Noyn , lui venant de ſon chef , le 6. Septembre 1534. ſigné Bardin. Ils marierent l'un & l'autre , leur fille Antoinette de Reugny , le 17. Mars 1546. avec Louis de *MARIE* , Ecuyer , Seigneur de Pouvies , Paroiſſe de S. Germain les-Gis-les-Nonains , Diocese de Sens. Jacques de Reugny y eſt dit Seigneur du Tremblay , Riegot , Faveray , Lancroy , Promeſſon , Tais & Montaron en partie : l'acte ſigné de Nobles Seigneurs Louis de Franay , Seigneur de Mouche & de Lachey ; Philibert de Maulmigny , Seigneur de Bouhe ; Leger de Marry , Seigneur de la Buxiere ; Pierre & Michel de Lis , freres , Seigneurs de Chanlet ; Jean de Guerry , Seigneur de Plotot ; Charles de Franay , Seigneur d'Aniſy ; Georges d'Onay ; Antoine de Monjour ; & Jacques de Couſſon tous Ecuyers : paſſé en la Tour du Tremblay , par Jean de Norry , Notaire ſous le Scel de S. Pierre le Mouſtiers. Jeanne de Courvol étoit veuve le 5. Mars 1549. qu'elle reçut en cette qualité quittance des ſuſdits conjoints ; par laquelle ils reconnoiſſent avoir été payé de tout ce que portoit leur Contrat de Mariage : l'acte paſſé devant Richard Garrilland , Clerc Notaire ſous le Scel de Nevers.

Elle épouſa en ſeconde nôce, le 19. Juillet 1552. Gilbert le *GROING*, Ecuyer , Seigneur d'Arculat , la Chauſſade & Hormeaux , pays de Bourbonnois & Combraille, demeurant audit Arculat , Paroiſſe de Treignac, Dioceſe de Bourges , d'une famille illuſtre du Berry : l'acte paſſé au Tremblay par André Chriſtophe , Clerc Notaire ſous le Scel de S. Pierre le Mouſtiers , & Jean Marquet , Clerc Notaire du Scel de Déſiſe. Son mari & elle paſſerent le 27. Août 1553. une tranſaction avec Jean de Boiſſerand , Prêtre , Seigneur de Lamena & de Veaux , ſtipulant tant en ſon nom que comme Tuteur de Claude & Joachim de Boiſſerand ſes neveux, enfants de feu Philibert ſon frere , Ecuyer , Seigneur dudit Lamena ; ſur Procès prêt à s'élever entre les parties pour reddition de compte de tutelle de ladite Jeanne de Courvol , & de feu Louis ſon frere , dont elle

Le Groing: d'argent à trois têtes de Lions , arrachées de gueules & couronnées d'or , poſées deux & un; & un croiſſant de ſable mis en abime.

eft déclarée univerfellement héritiere ; ayant eu l'un & l'autre pour Tu-
teur , feu François de Boifferand , Ecuyer , Seigneur de Lamena & de
Veaux , pere defdits Jean ftipulant & de feu Philibert fon frere. Jeanne
de Courvol & Louis fon frere , font dénommés dans le préfent acte de
CREVOUL : reçu Richard Garrilland , Notaire fous le Scel de Nevers;
& Pierre Carré , Notaire fous le Scel de Défife. Ils firent acquifition de
plufieurs héritages , fitués à Cercy-la-Tour de Huguenin, Gilbert & Jean
Thoureaul , laboureurs dudit Cercy, le 11. Septembre 1553. devant Jean
Marquet, Clerc Notaire fous le Scel de Défife. Gilbert le Groing, & Jeanne
de Courvol fa femme, tranfigerent avec Jean de Baulx , Receveur pour
le Roi au Magafin de Défife , pour quelques Droits par lui prétendus ,
le 28. Mai 1554. devant Louis Pomereul & Gilbert Reignault , Clercs
Notaires fous le Scel de Défife. Ils firent le 20. Juin fuivant ceffion &
abandon de la Terre de la Motte-Thomery , Paroiffe d'Onay , à Jeanne
de Reugny , fœur de feu Jacques de Reugny , premier mari de Jeanne
de Courvol, & veuve de Hôtelin d'Onay, Ecuyer, Seigneur de Touteuille,
tant pour elle que pour fes enfants , Georges & Jean d'Onay. Cette terre
avoit été vendue à Hôtellin d'Onay , par Jacques de Reugny , & Jeanne
de Courvol fa femme ; & par Jean de Moroges , & Magdelaine de Lodines
fa femme , fœur uterine de ladite Jeanne de Courvol , du 24. Octobre
1546. Gilbert le Groing, & Jeanne de Courvol fa femme ne la croyant
pas vendue fon prix vouloient la retirer : & enfin par le préfent acte ils
s'en départirent devant Richard Garrilland , Clerc Notaire fous le Scel
de Nevers.

GILBERT le Groing fit un emprunt de *fept cents livres* de Noble
Seigneur Charles du Pontot , Chevalier , Seigneur dudit lieu ; de la Forêt;
de Cheaulmes ; de Pouffery , & de Poligny fur Arron ; un des cent Gentilshommes de la Maifon du Roi , & Bailli du Nivernois : par acte reçu
Richard Garilland , Notaire fous le Scel de Nevers , le 2. Janvier 1555.
& fondé de procuration de Jeanne de Courvol fa femme , du 20. Décembre précédent , reçue par le même Notaire. Nous avons vu ci-déffus
par différents actes, que la Maifon du Pontot étoit alliée de celle de Courvol.

JEANNE de Courvol eft dite veuve de Noble Seigneur Gilbert le
Groing, dans un titre de Bourdelage à fon profit , fur Jean Bauldroy ,
du 23. Juillet 1561. reçu Jean Dieu-donné , Notaire fous le Scel de
Moulins-Engilbert. Elle paffa un autre Bail de Bourdelage à Aulbin Bau-
fils d'Iffenay, le 27. Avril 1562. devant Pierre Guillé , Clerc Notaire
fous le même Scel : & un autre devant le même Notaire à Jean Carré ,
du village de Bauldoin , Paroiffe d'Iffenay , le 22. Avril 1566. elle eft
dénonmmée dans ces derniers actes, Jeanne de *COURVOL* , Dame du
Tremblay & d'Iffenay en partie ; & dans celui qui va fuivre. du 21. Juillet
fuivant

fuivant , Jeanne de *CORVOL*. Cet acte fut paffé devant Claude de
Lye, Notaire Royal fous le Scel de S. Pierre le Mouftiers ; Garde dudit
Scel, Jean Tenon , Ecuyer , Seigneur de Nanvignes , Capitaine & Bailli
dudit S. Pierre ; & devant Pierre Metier , Notaire au Duché du Nivernois. Jeanne de Courvol y tranfige tant pour elle , que pour Edme de
Reugny , & fes fœurs ; enfants de feu Edme de Reugny, fon fils ; & de
feu Jacques de Reugny fon premier mari ; & encore pour Jacques, Charles & Claude de Reugny, également fes enfants ; & freres dudit feu Edme
de Reugny , tous héritiers de feu Jacques de Reugny, leur pere & fon mari.
Elle tranfige donc , tant en fon nom qu'au leur , avec François de Moroges , Ecuyer ; pour Droits , par lui prétendus à la fucceffion de feu Jean de
Moroges, Ecuyer , fon frere ; & mari de Magdelaine de Lodines fa fœur
uterine , fille comme elle , de Philiberte de la Perriere ; & de Jean de Lodines fon fecond mari , &. beau-pere de ladite Jeanne de Courvol : auquel
feu Jean de Moroges ; ledit François fon frere , avoit abandonné tous fes
droits à la fucceffion de leur pere commun , Philippe de Moroges , & de
leur mere Anne de la Menue ; qui en feconde nôce , époufa M. de Chargere , dont elle eut trois enfants ; Denis , Jean & Charles de Chargere ,
mentionnés au préfent acte. Ledit François de Moroges , fit même audit feu
Jean fon frere, ceffion par le même acte de tous fes droits , fur les fucceffions de Antoine , Jean & Françoife de Moroges , leurs freres & fœur ; &
de Chriftophe de Moroges leur oncle ; le tout pour la fomme de *mille huit
cens livres* : reçu Guillaume Pelletier , Notaire , le 16. Juillet 1562. Jean
de Moroges de fon côté , & Magdelaine de Lodines fa femme , avoient
fait une donation entre-vif de tous leurs biens , à Jacques de Reugny &
à Jeanne de Courvol fa femme , fœur uterine de ladite Magdelaine de
Lodines , s'en réfervant feulement l'ufufruit ; par acte , reçu Garrilland ,
Notaire au Duché de Nivernois, le 24. Mai 1545. & qui eft rappellé
dans celui-ci , ainfi que la ceffion de tous droits à toute fucceffion , faite
par François de Moroges , à fon frere Jean, dont *nous venons de parler.*
Pour fe concilier enfemble fur ces différents actes ; il fut arrêté par la préfente tranfaction , que ledit François de Moroges , fe défifteroit de toutes
prétentions fur les Terres du Pleffis ; Montefcot ; la Berchere & Montfo-
leon, au profit de ladite Jeanne de Courvol ; & defdits de Reugny , fes
enfants, moyennant la fomme de *deux mille fept cents foixante livres* , qu'elle
s'engage de lui payer : préfents à l'acte ; Charles de Franay , Ecuyer ,
Seigneur d'Anify ; Philibert Garnier , Avocat du Nivernois ; Étienne de
Colons , Procureur général dudit pays ; & Guillaume Vailham , Prévôt
de Meffieurs les Maréchaux de France , audit Duché de Nivernois. Jeanne
de Courvol eut une nombreufe poftérité de Jacques de Reugny , fon premier mari , comme nous le verrons dans la Généologie de cette Maifon ,
après celle-ci ; & n'eut point d'enfants de Gilbert le Groing , fon fecond mari.

E

CHAPITRE II.

V.

il faudroit voir les titres pour connoitre le caractere de la filiation de ce sujet qui est rapporté être fils d'un des bâtards rapportés cy devant p. 12.

HERARD de COURVOL, Ecuyer, fils de Gaucher III. du nom, Ecuyer, Seigneur du Tremblay ; & de Jeanne Bidaud de Pouſſery, eſt le Chef de toutes les branches ſubſiſtantes de la Maiſon de Courvol : il demeuroit à Oulons, près Montenaiſon ; & n'a point été connu par la Thaumaſiere. Il épouſa Philiberte du *R E A U*, d'une ancienne famille du Berry, fille de Jean du Reau, Ecuyer, Seigneur de Chailleau, Paroiſſe de Poiſeux, Dioceſe de Nevers ; & de Damoiſelle Claude de la Choue. Ce Contrat fut paſſé à Chailleau, le 25. Mai 1459. devant Jean Chaptard, Clerc Notaire ſous le Scel de Montenaiſon ; du conſentement & aſſemblée de pluſieurs leurs parents, dont il fut ſigné : ſavoir ; de Jean de Courvol, Seigneur d'Iſſenay, frere du futur ; Jean du Sie ; Edme des Paillards ; Étienne de la Pré, Ecuyers ; & d'Étienne d'Hoiſſe, Bachelier. La Maiſon de Jean du Sie, qui ſigne ici comme parent ; tenoit lors un rang très-diſtingué à la Cour du D U C D E B O U R G O G N E, dans la perſonne de Guyot du Sie ; qui en 1452. paſſa la riviere à la défaite des Gantois, pour les pourſuivre, avec Jacques de Lalain, & Herard de Digoine ; & ſe ſignala avec les mêmes, à l'Eſcarmouche de Nevel, près Gand, la même année. Olivier de la Marche, dans ſes Mémoires, ajoute, que depuis, Guyot du Sie fut fait Chevalier, & fut un des principaux qui travaillerent avec le Seigneur des Cordes, à marier le Comte de Charollois, avec la fille de L O U I S XI. Ce Contrat d'Herard de Courvol, eſt le premier des titres de productions, faits par Meſſieurs de Courvol, devant Meſſieurs d'Herbigny, & de Machault, Intendants de Bourges & d'Orleans, en 1667. & nous n'en avons de date antérieure qu'un ſeul, qui eſt celui de ſon pere Gaucher de Courvol III. du nom de 1401. qui eſt le premier qui ait été cité par la Thaumaſiere ; & que nous venons récemment de recouvrer dans les obligeantes recherches de M. le Comte du Tremblay.

H ER A R D de Courvol fit un échange, avec Jean Jarſon, demeurant, ainſi que lui à Oulon, près Montenaiſon, Dioceſe de Nevers : d'une terre labourable audit Oulon, qu'il donna pour un Pré, ſitué au Finage de Marolles, qui lui fut cédé. L'acte paſſé le pénultieme jour de Mai 1497. (non devant Chaptard, comme nous l'avons dit dans notre premiere édition, ſur une mépriſe de copiſte ;) mais devant Philippe Reby, Clerc Notaire ſous le Scel de Montenaiſon ; & ne fut groſſoyé par Jean Vincent, Clerc Notaire ſous le même Scel, que le 24. Avril 1505. Herard de Courvol étoit mort en 1515. que Philibert ſon fils aîné fut marié ; ſa femme vivoit encore alors ; & de leur mariage vinrent, ceux dont les noms ſuivent.

6. PHILIBERT de Courvol I. du nom , Ecuyer , rapporté après ses freres & sœurs.

6. JEAN de Courvol , Ecuyer , assista au Contrat de Mariage de Philibert son frere , du 7. Août 1515. & est nommé , Messire Jean de *CORVOL*, Ecuyer ; avec Jeanne, Françoise & Anne, ses sœurs, dans un acte de vente que fit devant du Bois , Notaire , le 12. Décembre 1520. Philibert de Courvol , leur frere aîné. Il épousa Damoiselle Marie de *MOULAS*, avec laquelle il fit une vente d'héritage à Claude , & Jean de Courvol ses neveux, enfants de Philibert son frere , devant Brahaud , Notaire , le 25. Juin 1550. Il fit une autre vente au même Claude , devant Barbelat , Notaire, le 13. Août suivant , dans laquelle sont nommés , Philibert son frere , & Anne & Françoise de Courvol ses sœurs.

6. ÉTIENNE de Courvol , Ecuyer , présent au Contrat de Mariage de Philibert son frere , de l'an 1515.

6. JEANNE de Courvol est nommée dans un Contrat de vente , faite par Philibert son frere aîné , du 12. Décembre 1520. Elle est dite veuve de Jean de *PENIER* , Ecuyer, dans une reconnoissance de Bourdelage, faite à son profit , par le même Philibert son frere , le 20. Décembre 1529.

6. FRANÇOISE de Courvol , nommée dans le susdit Contrat de Vente, du 12. Décembre 1520. épousa Jean d'*ESPENSES* , Ecuyer, dont elle étoit veuve , le 20. Décembre 1529. qu'elle fit la reconnoissance d'un Bourdelage à Philibert de Courvol son frere , devant Chozet , Notaire. Elle est nommée avec ses freres ; Jean ; & Philibert ; & sa sœur Anne de Courvol , dans un acte du 13. Août 1550.

> d'Espenses : de gueules , à trois chevres d'or , l'une sur l'autre.

La Maison d'Espenses est une des plus anciennes, & des plus distinguées de Champagne ; qui a donné à l'Eglise , un des plus savants Théologiens du seizieme siecle , dans la personne de Claude d'Espenses ; dont la mere étoit de l'Illustre Maison des Ursins en Italie. Ce fut un des plus grands Personnages de son temps , que nos Rois employerent en diverses occasions importantes , à Melun, à Orléans , à Boulogne en Italie , à Poissy ; tantôt comme député , tantôt comme arbitre dans les disputes de religion. M. de Thou en fait un grand éloge dans son Histoire qu'il termine ainsi : *Il mérita plutôt le Chapeau de Cardinal , qu'il ne l'obtint ;* il mourut le 13. Octobre 1571.

6. ANNE de Courvol , que nous avions omise dans notre premiere édition, est nommée avec ses freres ; Philibert & Jean ; & ses sœurs, Jeanne & Françoise , dans un acte de vente , du 12. Décembre 1520. & dans un autre du 13. Août 1550. Elle avoit épousé Jean de *BAZAY* , Ecuyer , comme il paroît par un acte qui s'est trouvé parmi les titres de la Mai-

fon de Courvol, que M. le Comte du Tremblay à remis à ces Meſſieurs.
C'eſt une ratification de différentes ventes , faites ſucceſſivement à An‑
toine Courtois, Marchand à Moulins-Engilbert ; par Eliacin & Jean de
Bazay, ou du Bazay, même de Bazet ; (on trouve ces différentes ortho‑
graphes dans les titres) Ecuyers , tant pour eux, que pour Damoiſelle
Anne de Courvol, femme dudit Jean ; & Charlotte de Bazay leur ſœur;
de pluſieurs héritages, portions de Juſtice, Cents, Rentes, Bourdelages,
qui appartenoient auſdits de Bazay, dans la terre de Poligny ſur Arron,
près le Tremblay, où ils avoient une portion de Juſtice. L'acte paſſé
par Pierre Bonshommes , Notaire Royal, le 19. Décembre 1536. ſous
le Scel de la Prévôté de S'. Pierre le Mouſtiers. Par cette piece , & par
le Contrat de Mariage de Philibert de Courvol, qui ſuit ; il paroît que
ledit Philibert & Jean de Bazay ont épouſé , l'un la ſœur de l'autre.

V I.

P HILIBERT de COURVOL I. du nom , Ecuyer , épouſa par
Contrat paſſé à Poligny ſur Arron , près le Tremblay, Dioceſe de Ne‑
vers, devant Claude Queſnay, Notaire au Duché de Nivernois, le 7. Août
1515. Jeanne de *B A Z A Y* , fille de Claude de Bazay , Ecuyer ; & de
Jeanne de la *F O R E S T.* Il y eſt dit , qu'il demeuroit en la Paroiſſe de S.
Maurice-les-S. Saulges ; & fils de feu Herard de Courvol, Ecuyer ; & de Da‑
moiſelle Philiberte du Reau. Ce Contrat fut ſigné de Jean & d'Étienne de
Courvol, ſes freres, Ecuyers ; de Jean de Bazay, frere de la future ; Jean
de la Forêt ; Jacques des Paillards ; & de Jean du Reau, Ecuyers. Il vendit
pluſieurs héritages, tant en ſon nom , qu'au nom de Jean ſon frere ; & de Jean‑
ne , Françoiſe, & Anne ſes ſœurs , par Contrat ; reçu du Bois , Notaire , le 12.
Décembre 1520. Fit une reconnoiſſance de Bourdelage à Jeanne ſa ſœur ; &
en reçut une de Françoiſe ſon autre ſœur , devant Chozet, Notaire , le 20.
Décembre 1529. Fit une vente à Germain Garreau , devant le Noble, Notaire,
le 9. Mars 1533. & une échange avec Bernard Coly , devant Joly, No‑
taire , le 19. Juin 1536. Vendit avec Jeanne de Bazay ſa femme , de lui ſuffi‑
ſamment autoriſée, à Antoine Courtois , Marchand à Moulins-Engilbert, pluſieurs
héritages, Rentes, Cents, Bourdelages, Droits Seigneuriaux , & portion de
Juſtice, qu'il avoit dans la Terre de Poligny ſur Arron , près le Tremblay ,
devant Pierre Bonshommes , Clerc Notaire ſous le Scel de S. Pierre le Mou‑
ſtiers, le 4. Avril 1537. Il avoit fait la veille un échange, avec Jean de Ba‑
zay , ſon beau-frere, & Anne de Courvol ſa ſœur , femme dudit Jean ; devant
Loiſeaul , Prêtre , Notaire, qu'il rappelle dans le préſent acte de vente ; l'un
& l'autre ne ſe trouvent point dans l'Inventaire de productions, faite en 1667.
& n'eſt venu à nous, que par la généreuſe remiſe qu'il a plu à M. le Comte
du Tremblay (Louis-Alexandre de Reugny) de faire des titres concernants la

La Forêt : de gueules au Chevron d'argent accompagné de 3. Croix ancrées de même ; deux en chef, une en pointe.

Maiſon de Courvol, paſſés dans la ſienne en 1526. par ſon alliance , avec l'héritiere de la branche aînée de Courvol. Philibert de Courvol ſe trouve nommé dans deux Contrats de ventes , faites par Jean de Courvol ſon frere , devant Brahaud, Notaire , le 25. Juin 1550. & devant Barbelat , Notaire , le 13. Août ſuivant.

7. C L A U D E de Courvol , Ecuyer , qui ſuit.

7. J E A N de Courvol , Ecuyer, Seigneur de Ruſſy , eſt nommé avec Claude ſon frere , dans l'acte de vente ci-deſſus, faite par Jean ſon oncle , à Claude ſon frere , du 25. Juin 1550. On le trouve au nombre des cent cinq Archers des Ordonnances du Roi ; de même que Charles des Paillards ; Jacques d'Aſſigny ; Jean Guitois ; François de Rabutin ; Guillaume de Gourdon ; Charles de Reugny ; Robert de Bongars ; François de Reaulx, &c. Dans la Compagnie des ſoixante-dix Lances , étant ſous la charge & conduite de Monſeigneur le D U C D U N I V E R N O I S , paſſée en revue , en armes à Troies en Champagne , le 2. Juin 1562. il y eſt dénommé de *C O R V O U L.* Il aſſiſta au Contrat de Mariage de Philibert ſon neveu , du 26. Décembre 1580. & lui fit une vente devant le Beuf, Notaire , le 26. Juin 1581. dans laquelle il eſt qualifié Seigneur de Ruſſy , & Capitaine.

Cabinet de M.
de Clairambault.

VII.

C LAU D E de C O U R V O L , Ecuyer , acquit quelques biens de Jean ſon oncle , avec ſon frere Jean , le 25. Juin 1550. & fit une autre acquiſition de ſon même oncle , le 13. Août ſuivant. Il épouſa 1°. Rolette de *M O N T I G N Y* , avec laquelle il fit pluſieurs acquiſitions, paſſées devant Pardieu, Notaire , le 17. Septembre 1550. devant Barrault , Notaire , le 21. Février 1555. devant l'Ecuyer & de Beuf, Notaires , les 29. Mars , & 18. Décembre 1559. & 14. Juin 1560. & devant Raignaud, Notaire, le 17. Février 1564. Il reconnut avec ſadite femme , tenir du Prieur de S. Saulges , pluſieurs héritages à titre de Cens ; & un droit de pêche dans la riviere d'Arron , le 19. May 1567. Il eſt nommé dans un Contrat de vente , à lui faite & reçu par Raignaud , Notaire , le 22. Juin 1573. Il y a tant eu d'anciennes Maiſons du nom de Montigny , que nous ne pouvons déterminer de laquelle pouvoit être Rolette , ſur-tout n'en ayant point le Contrat.

C L A U D E de Courvol épouſa en ſeconde nôce , par Contrat paſſé à Savigny , Paroiſſe de Billy , près Clamecy , devant Courtignon , Notaire , le 27. Septembre 1577. Guiotte de *G O U R D O N* d'une Maiſon diſtinguée , originaire d'Ecoſſe , veuve de Richard Scot , Ecuyer ; Homme d'Armes, de la Compagnie de M. le Grand, (Ecuyer de France.) Ce Contrat fut ſigné de Noble François de Gourdon , Ecuyer, Homme d'Armes de la même Compagnie ; & de

Nicolas l'Allemand , Ecuyer , Seigneur de la Broſſe , & de Villepreux. La même Guiotte de Gourdon eſt qualifiée ſa veuve , dans trois aĉtes d'échange,& de bail d'héritages , paſſés devant le même Notaire , les dernier Juin 1579. 17. Avril. 1580. & 11. Août 1587. Elle paſſa des tranſaĉtions avec les enfants du premier lit, de Claude de Courvol ſon mari , les 14. Novembre 1581. & 7. Novembre 1601.

Enfants du premier Mariage de Claude de Courvol , avec Rolette de Montigny.

8. PHILIBERT de Courvol II. du nom , Ecuyer, Seigneur de Montas, mentionné ci-après.

8. JEAN de Courvol , Ecuyer , aſſiſta au Contrat de Mariage de Philibert ſon frere , du 26. Décembre 1580. tranſigea avec lui , & Guiotte de Gourdon leur belle-mere, le 14. Novembre 1581. épouſa par Contrat, paſſé devant Pillot (& non Guillot, comme il s'eſt gliſſé dans la premiere édition) Notaire , le dernier oĉtobre 1584. Edmée des *PAILLARDS*, veuve de Charles de la Porte , Ecuyer , Seigneur de Servanday. L'aĉte paſſé au Château de Ratilly , Paroiſſe de S. Benin-des-Bois en Nivernois, où Edmée des Paillards faiſoit ſa demeure , en préſence & de l'avis de Philibert de Courvol , Ecuyer , frere du futur ; & de Robert de Bongars, Ecuyer , Seigneur de Courtois ; de Nobles , Adrien , Edme & Jacques des Paillards , Ecuyers , freres de la future ; Jean de Foullé , Seigneur d'Angely ; Bernard de Francoſme , Seigneur de l'Epine ; Jean de Broſſard; & Jean de Chaſſy , tous Ecuyers. Nous n'avons pu découvrir le premier Contrat d'Edmée des Paillards , avec Charles de la Porte , pour ſavoir les noms de ſes pere & mere. Mais nous trouvons dans les titres de Meſ-ſieurs de Courvol , le Contrat de Mariage de Jean des Paillards , Ecuyer , fils de Jean des Paillards , auſſi Ecuyer, Seigneur de Marquettant ou Mar-quettaut ; & de feu Damoiſelle Marie Jaquinet, avec Damoiſelle Barbe de Bauldoin , fille de feu Pierre de Bauldoin , Ecuyer ; & de Damoi-ſelle Jeanne de l'Hôpital : préſents Gaucher de Bauldoin , frere de la fu-ture ; Claude de Bauldoin , leur couſin germain , Ecuyers ; Jean des Pail-lards pere du futur ; & Pierre de Nourry , Ecuyers : reçu Martin Ber-theaul , Notaire ſous le Scel de Châtillon en Bazois, le 2. Avril 1530. Edmée des Paillards doit en être iſſue. Cette Maiſon eſt fort ancienne , & ſe trouve éteinte : elle a été liée pendant plus d'un ſiecle avec celle de Courvol , comme il ſe voit par les ſignatures ſucceſſives de Meſſieurs des Paillards , aux Contrats de Mariage de ceux-ci ; tant dans les bran-ches éteintes , que dans les ſubſiſtantes. Edme des Paillards ſigne comme parent au Contrat de Mariage d'Herard de Courvol , des 1459.

Jean de Courvol vendit à Philibert ſon frere ſa part , dans la ſucceſſion de ſes pere & mere , le premier Février 1588. & eſt nommé au Contrat de Mariage de Jean de Courvol ſon frere conſanguin , du 24. Juillet 1601. Il ne vivoit plus le dernier Janvier 1604. que ſa veuve tranſigea avec Louiſe de Bongars , veuve de Philibert de Courvol ſa belle-ſœur , devant Commaille , Notaire.

8. J E A N N E de Courvol qui a échappé dans la premiere édition , fut femme de Claude de *F E L Y* , Ecuyer , ſelon un acte de vente qu'ils font conjointement à Philibert de Courvol ſon frere , devant Briſſand , Notaire , le 29. Décembre 1589. Elle eſt nommée dans une tranſaction , paſſée devant Roi , & l'Anneaud , Notaires , le 7. Novembre 1601. entre ſes freres , ſa belle-mere & elle.

Enfants du ſecond lit de Claude de Courvol ; avec Guiotte de Gourdon.

8. J E A N de Courvol , Ecuyer , Seigneur de Savigny en partie , & de Baſolle , étoit ſous la tutelle de ſa mere , le 14. Novembre 1581. Il épouſa premierement par Contrat paſſé devant Bardet , Notaire , le 24. Juillet 1601. Edmée de *G A Y O T* ; avec laquelle il eſt nommé dans la tranſaction , paſſée avec ſes freres & ſa mere , le 7. Novembre ſuivant. Elle étoit fille de Edme de Gayot , Ecuyer ; & de Henriette de *P A R I S* ; & ſœur de François de Gayot, Ecuyer , Seigneur de Savigny , en partie , qui aſſiſta à ſon Contrat de Mariage ; de même que François de Gourdon , Ecuyer, oncle de Jean de Courvol ; Philibert & Jean de Courvol , ſes freres paternels ; François Scot , Ecuyer , Seigneur de Savigny , en partie , ſon frere maternel ; Barthelemy de Paris , Seigneur de Preliſy , du Mée , & autres lieux , Gentilhomme de la Maiſon du Roi , oncle maternel d'Edmée ; Charles de Paris ſon couſin germain , Seigneur du Mée , en partie ; Guy du Parc , Seigneur de la Motte-Monceaux-les-Billy , tous Ecuyers ; & Damoiſelle Claude de Champ , femme de Barthelemy de Paris.

J E A N de Courvol épouſa en ſeconde nôce , par Contrat paſſé devant Gourleau, Notaire, le 14. Novembre 1610. Charlotte de la *B U S S I E R E* , fille de Claude de la Buſſiere , Ecuyer , Seigneur dudit lieu ; & de Jeanne de la Forêt. Il étoit préſent à l'Inventaire fait après la mort de Philibert ſon frere , le 3. Janvier 1604. & aux Contrats de Mariage de Jean & de François ſes neveux , des 19. Février 1624. & 26. Juillet 1632. ainſi qu'au mariage de Benigne de Courvol ſa fille , du 20. Avril 1640. Il l'eut de ſon ſecond mariage , avec François ſon frere; ils ſuivent l'un & l'autre.

9. F R A N Ç O I S de Courvol , Chevalier , Seigneur du petit Baſolle , & de Savigny ; lequel ſigna au Contrat de Mariage de François de Courvol,

---

Marginal notes:

Paris : écartelé au premier & quatrieme d'azur , au chevron d'argent, accompagné en pointe d'une fleur-de-lys de même ; au deux & trois coupé d'or & d'azur au Lion de l'un en l'autre.

La Buſſiere:d'azur à une bande d'or, cotoyée en chef & en pointe d'une étoile , & d'un demi vol d'argent.
La Foreſt, comme ci-deſſus, *pag.* 36.

Seigneur de Montas, fon coufin germain, du 26. Juillet 1632. étoit Lieutenant de la Compagnie de Philibert de Courvol, Seigneur des Aubus , & de Luffery ou Lucery (on trouve l'un & l'autre) fon coufin germain, dans le Régiment de Langeron, le 14. Septembre 1635. Il figna aux articles de Benigne de Courvol fa fœur , déclarés devant refter pour Contrat, & paffés le 20. Avril 1640. & au Contrat de Mariage d'Alexandre de Courvol fon coufin , du 29. Juin 1655. ainfi qu'à celui de Catherine de Courvol , auffi fa coufine en 1662.

**Titres de Mef-
fieurs de Mon-
corps de Chery.**
**Titres de Mef-
fieurs de Burde-
lot de Fontenille.**

9. B E N I G N E de Courvol, que nous n'avions connue lors de notre premiere édition , que, par le mariage de fes deux filles : Marguerite de la Buffiere , mariée le 22. Août 1669. à Antoine de *M O N C O R P S* , Ecuyer, Seigneur de Chery ; & Marie de la Buffiere, qui époufa le 23. Février 1677. François de *B U R D E L O T* , Ecuyer, Seigneur de Fontenille-les-Forêts ; & que nous avions eftimée du dégré des enfants de Jean de Courvol, & de Benigne de Chaffy , fut fille de Jean de Courvol, Ecuyer , Seigneur de Savigny, & de Bafolle ; & de Charlotte de la *B U S S I E R E*, comme il paroît par les articles de fon mariagè (qui font déclarés devoir refter pour Contrat) avec Edme de la Buffiere, Ecuyer, Seigneur dudit lieu, paffés devant Cotain. & Ratier , Notaires , le 20. Avril 1640. Edme de la Buffiere y procede de l'avis & autorité de Jacques de la Buffiere, Ecuyer, Seigneur de Guerchy & de Charou, fon pere.

B E N I G N E de Courvol , future époufe , eft dite Dame d'Angelié, qui lui venoit du chef de Charlotte de la Buffiere fa mere ; & y procede de l'autorité de Jean de Courvol , Ecuyer , Seigneur de Bafolle & de la Boiffiere , fon pere. Ces articles fignés des deux contractants , de leurs peres refpectifs ; & de François de Courvol, frere de Benigne , future époufe. Il eft venu de ce mariage une nombreufe poftérité , répandue en différentes branches.

V I I I.

PHILIBERT de COURVOL II. du nom , Ecuyer, Seigneur de Montas, fils de Claude de Courvol ; & de Rolette de Montigny fa premiere femme , époufa par Contrat du 26. Décembre 1580. Louife de *B O N-GARS* , fille d'Edme de Bongars, Ecuyer, Seigneur de l'Etang & d'Arfilly ;

& de Françoife *J U L Y E T*. Ce Contrat fut paffé en l'Hôtel dudit Edme de Bongars, au lieu de Selin , Paroiffe de Bafolle , Diocefe de Nevers , devant Simon Perraut , Notaire à S. Saulges ; & fut figné de Jean de Courvol, Ecuyer, oncle du futur ; de Jean de Courvol , auffi Ecuyer, fon frere ; de Charles de Paris ; & de Charles de Baie , Ecuyers. François de Bongars , frere d'Edme , & oncle de la future, époufa cette même année, le 3. Octobre , Marie de la

Tournelle,

Tournelle. Cette Maifon d'ailleurs s'eft alliée avec celles de Damas, de Reugny, de Sauvage, de Loron, de le Normand-d'Herry, &c.

PHILIBERT de Courvol fit une acquifition de Jean fon oncle, Capitaine, Seigneur de Ruffy, le 26. Juin 1581. Tranfigea avec fon frere Jean & fa belle-mere Guyotte de Gourdon, le 14. Novembre fuivant. Acquit quelques biens avec fa femme, devant Berthon Notaire, le 19. Février 1584. Affifta au mariage de Jean fon frere germain, avec Edmée des Paillards, du dernier Octobre fuivant. Reçut avec fa femme une reconnoiffance de Bourdelage de Jeanne de Brion, veuve de Jean des Lit, devant Commaille Notaire, le 18. Janvier 1585. Acheta de Jean fon frere la portion qui lui appartenoit, dans la fucceffion de fes pere & mere, devant Bellard Notaire, le 1. Février 1588. Paffa un Bail à Cens & Rente à Leonard de Bois-Thierry, Ecuyer, devant Micheau Notaire, le 13. Mars 1589. Acquit des biens de Jeanne de Courvol fa fœur; & de Claude de Fely, Ecuyer, fon mari, le 29. Décembre fuivant; reçu Briffand Notaire. Fit une échange avec Thomas Raignaud Notaire, devant Doret ou Doré Notaire, le 8. Avril 1595. Fit une acquifition devant le même Notaire, le 7. Juillet 1597. & une autre de Hugues-Charpin, devant Bertin Notaire, le 5. Mai 1599. y étant qualifié, *Noble Seigneur Philibert de C O U R V O L, Ecuyer.* Donna une reconnoiffance de Bourdelage au Prieur de Saint Etienne de Nevers, devant Biet Notaire, le premier Octobre fuivant. Paffa un Contrat de Bourdelage pour quelques pieces de terre, au profit de Charles d'Anlezy, Ecuyer, Seigneur de Chafeulle, devant Renard & Roy, Notaires, le 2. Février 1600. Reconnut poffeder à titre de Cens de Bourdelage, plufieurs héritages acquis par fon pere, devant Roi Notaire, le 15. Mai de la même année. Eft nommé au Contrat de mariage de Jean fon frere confanguin, avec Edmée de Gayot, du 24. Juillet 1601. & tranfigea avec fes freres & fœurs, & fa belle-mere, devant Roi & Lannaud, Notaires, le 7. Novembre fuivant.

Il mourut dans les derniers jours de l'année 1603. ou au commencement du mois de Janvier 1604. comme il paroît par l'Inventaire de fes effets & papiers, fait le 3. de ce mois, en la Juftice de S. Maurice-les-S. Saulge; portant qu'incontinent après fa mort, fes enfants mineurs furent mis fous la Tutelle de leur mere Louife de Bongars. Elle tranfigea avec Edmée des Paillards, veuve de Jean de Courvol fon beau-frere, le dernier Janvier 1604. devant Commaille Notaire. Fit une acquifition devant Roi Notaire, le 12. Avril 1610. Tranfigea en fon nom, & comme Tutrice de fes enfants, avec Pierre Rapine, Juge de S. Saulge, devant Bellard Notaire, le premier Octobre fuivant. Paffa une autre transaction en la même qualité, devant le même Notaire, le 27. Octobre 1619. Et partagea avec Jean & François, fes fils, devant Doreau Notaire, le 5. Janvier 1633.

F

Montfaulnin : de gueules , à trois Leopards couronnés d'or , paffants l'un fur l'autre.

Charry : d'a- zur , à la croix ancrée d'argent,

9. P H I L I B E R T de Courvol III. du nom, Ecuyer, Seigneur des Aubus & de Lucery , fut mis fous la Tutelle de fa mere , avec fes freres en 1604. & y étoit encore en 1619. Affifta au mariage de Jean fon frere , avec Benigne de Chaffy en 1624. & fut Capitaine de cent hommes de gens à pied , François, au Régiment de Langeron , par Commiffion , du 6. Juin 1630. Il époufa Marie de *MONTSAULNIN* , fille de Claude de Montfaulnin , Seigneur des Aubus ; & de Marguerite de *CHARRY* , & tante de Charles de *MONTSAULNIN* , Comte de Montal , Châtelain de S. Briffon. & d'Iflan , Lieutenant Général des Armées du Roi , Gouverneur de Charleroy & Montroyal ; lequel fut reçu Chevalier des ordres du Roi en 1689. & mourut à Dunkerque l'an 1696. âgé de foixante-dix-fept ans. Cette Maifon eft une des anciennes de Bourgogne , établie dès 1407. dans le Nivernois ; & non moins diftinguée par fes grands fervices , que par fes alliances. La mere de celui-ci, étoit Gabrielle de Rabutin , Dame de Montal ; & fa femme Gabrielle de Solages , dont la mere étoit Caffandre de la Farre. L'un de fes fils s'eft allié avec l'illuftre Maifon de Saulx , des Comtes de Tavannes ; & l'autre avec la Maifon d'Efpenfes : fon petit-fils Charles de Montfaulnin , Comte de Montal , auffi Lieutenant Général des Armées du Roi , & Chevalier de fes Ordres , avec celle de Colbert-Villacerf.

P H I L I B E R T de Courvol , & Marie de Montfaulnin fa femme , fe firent un don mutuel de leurs biens meubles & conquêts ; & de l'ufufruit de leurs immeubles anciens , par acte paffé au lieu de Lucery , Paroiffe de Pouques , devant Raus , Notaire Royal , réfident à Lorme, le 25. Juillet 1632. Ses fervices en qualité de Capitaine , font prouvés par différents Certificats : favoir, du Sieur de Vaumont , Commiffaire de l'extraordinaire des guerres ; comme fa Compagnie s'eft trouvée fur le pied de quatre-vingt-dix hommes , le 28. Juillet 1635. du Sieur de Laffrenas , Intendant de Picardie ; de ce que s'étant tranfporté à la Chapelle , il y a trouvé en garnifon dans le Château , l'une des Companies du Régiment de Langeron , commandée par Philibert de Courvol , Ecuyer , Seigneur des Aubus & de Lucery ; François de Courvol , Ecuyer, Seigneur de Savigny ; Claude de Boniers , Ecuyer , Seigneur de Courc , Capitaine , Lieutenant & Enfeigne d'icelle , en date du 14. Septembre 1635. Deux Certificats , fignés Colombier (qui eft Cluny) & du Bée , du fervice rendu au Roi , par Monfieur de Courvol , en qualité de Capitaine d'une Compagnie , au Régiment de Langeron , des 28. Novembre & 3. Décembre 1635. Autres trois Certificats , fignés, Colombier , Langeron & Haubert , des Services rendus au Roi , par Philibert de Courvol , Seigneur des Aubus & de Lucery , en la même qualité de Capitaine , des 29. Septembre 1636. 20. Septembre & 12.

Octobre 1639. Il fut affocié avec fa femme, Marie de Montfaulnin ; & Alexandre de Courvol fon neveu, fils de Jean fon frere qui fuit ; & de Benigne de Chaffy, aux Prieres de l'Ordre des Chartreux, par délibération du Chapitre Général dudit Ordre, du 3. Mai 1638.

MARIE de Montfaulnin fon époufe, fit donation de tous fes biens immeubles à Jean de Courvol, Seigneur de Grand-Vaux ; & à François de Courvol, Seigneur de Montas, freres de fon mari, par acte paffé devant Raus, Notaire Royal, le 14. Avril 1641. & confirma cette donation par autre acte, paffé au lieu de Lucéry, devant le même Notaire, le 10. Novembre 1648. M. de Courvol & elle, tefterent enfemble, devant la Grange Notaire, le 2. Août 1650. Ils choifirent leur fépulture, dans l'Eglife Paroiffiale de Pouques, auprès de leurs Ancêtres; firent une Fondation dans cette Eglife, & leguerent leurs meubles qui fe trouveroient dans la maifon qu'ils habitoient, à Alexandre de Courvol, leur neveu ; & les meubles qui ne fe trouveroient point dans cette maifon, ainfi que les acquêts & conquêts ; un tiers au même Alexandre, & les deux autres tiers à Jean & François fes freres, auffi leurs neveux.

9. JEAN de Courvol, Chevalier, Seigneur de Grand-Vaux va fuivre.

9. FRANÇOIS de Courvol, Ecuyer, Seigneur de Bafolle & de Montas, Chef de la branche des Seigneurs de Montas, rapportée aux Chapitres IV. & V.

9. FRANÇOISE de Courvol, Dame du Bouchet, nommée au Contrat de mariage de Jean fon frere, du 19. Février 1624.

9. LOUISE de Courvol figna au même Contrat de mariage de fon frere de 1624. Elle eft apparemment la même que Louife de Courvol, Damoifelle du Bougin, qui affifta au Contrat de mariage d'Alexandre de Chaffy, Ecuyer, Seigneur du Marais, avec Edmée de Meung de la Ferté, du 12. Juillet de l'année precedente 1623. en qualité de coufine defdits époux ; ce qui prouve que ces deux maifons de Chaffy & de Meung de la Ferté, étoient dès lors alliées de celle de Courvol, indépendamment des alliances poftérieures qu'elles ont contractées de nouveau entr'elles trois. Qu'il nous foit permis en cette confidération de placer ici les armes de la Ferté de Meung.

IX.

JEAN de COURVOL, Chevalier, Seigneur de Grand-Vaux, étoit fous la tutelle de fa mere Louife de Bongars avec fes freres en 1604. & 1619. Il

Chaſſy : d'azur
à une face d'or
accompagnée de
trois étoiles de
même ; deux en
chef une en poin-
te.

époufa par Contrat du 19. Février 1624. Benigne de *CHASSY*, fille de Gilles de Chaſſy, Chevalier, Seigneur du Marais, Gentilhomme ordinaire de la Chambre du Roi; & de Catherine *FEVRIER*. Ce Contrat paſſé au Château du Marais, Paroiſſe de Lurcy-le-Bourg, devant Bellard, Notaire, fut ſigné de Philibert & de François de Courvol, & de Jean de Courvol, freres & oncle du futur ; de Françoiſe & Louiſe de Courvol ſes ſœurs ; & d'Alexandre de Chaſſy, Chevalier, frere de Benigne, future épouſe. Chaſſy eſt une maiſon ancienne, qui a ſervi avec diſtinction, & eſt très-bien alliée. Elle compte parmi ſes Aïeules Jacquette d'Anlezy ; Jacquette de la Platiere, maiſon dont eſt iſſu, Imbert de la Platiere, fait Maréchal de France en 1562. & connu ſous le nom de Maréchal de Bourdillon ; Anne de la Riviere ; Jeanne de Poquiere ; Magdelaine de Montſaulnin ; Antoinette de Regnier, &c. & s'eſt alliée de nos jours à la maiſon de la Porte d'Iſſertieux. Edme de Chaſſy, grand-pere de Benigne, Seigneur du Marais & de Revillon, qui avoit épouſé Marie de Grieux, fille de Gaſton de Grieux, Conſeiller au Parlement, fut Capitaine des Suiſſes pour le Roi dans le Piémont, & employé en 1569. ſous Louis de Gonzagues, Duc de Nevers. Le Roi Charles IX. lui écrivit la même année le 20. Mars, pour lui donner avis qu'il avoit été choiſi en l'Aſſemblée des Chevaliers de l'Ordre de Saint Michel, (qui lors étoit le ſeul Ordre du Roi,) pour y être aſſocié ; & lui enjoignit de recevoir cet honneur des mains du DUC de Nevers.

Titres de la
Maiſon de Chaſ-
ſy.

BENIGNE de Chaſſy tranſigea du conſentement de ſon mari, avec Alexandre de Chaſſy, Seigneur du Marais ſon frere ; & Louiſe de Chaſſy ſa ſœur, pour leurs droits, dans la ſucceſſion de leur mere à S. Saulge, le 7. Mai 1628. Jean de Courvol ſon mari, aſſiſta au Mariage de François de Courvol ſon frere, avec Anne Chevalier, le 26. Juillet 1632. Fit un partage avec lui & leur mere Louiſe de Bongars, le 5. Janvier 1633. Fut fait Capitaine d'une Compagnie de cent hommes de guerre à pied, François, au Régiment de Langeron, du 4. Septembre 1634. Fut reconnu Noble d'extraction, avec François ſon frere, par Ordonnance de M. de Caumartin, Intendant en Bourbonnois, & de M. Briſacier, Commiſſaires députés par le Roi au régalement des Tailles, du dernier Mars 1635. Eſt nommé dans un Arrêt du Parlement, rendu le 19. Mai ſuivant, entre Gaſton de Grieux, parent de ſa femme & lui. Eſt compris avec François ſon frere, dans un Etat des Gentilshommes Vaſſaux & arriere-Vaſſaux du Duché du Nivernois, convoqués au Ban & arriere-Ban du 24. Juillet de la même année 1635. Aſſiſta avec le même François ſon frere, à l'aſſemblée générale de la Nobleſſe du Nivernois, ſelon le Procès-verbal de cette aſſemblée, du 16. Octobre ſuivant. Fut diſpenſé du ſervice du Ban & arriere-Ban, à cauſe de maladie, par Ordonnance du Lieutenant-Général de Saint Pierre-le-Mouſtiers, du 20. Août 1536. Marie de Montſaulnin ſa belle-ſœur lui fit donation, ainſi qu'à François ſon frere, de ſes biens immeubles,

par acte du 14. Avril 1641. qu'elle confirma par un autre acte du 10. Novem-
vre 1648. Il eut ordre de M. le Comte de Buffy - Rabutin, le 18. Août
1652. de fe trouver à la Charité pour le fervice du Roi. Reçut une Lettre
du même Seigneur, datée du 11. Novembre fuivant, par laquelle il lui té-
moigne la fatisfaction que le Roi avoit du fervice qu'il avoit rendu à Sa Majefté
lors du Siége de Montrond. Donna procuration à François fon frere, pour
affifter au Contrat de Mariage d'Alexandre fon fils, devant Doreau, Notaire,
le 24. May 1655. & étoit mort le 4. Août 1660. avec fa femme Benigne de
Chaffy, felon un acte de partage de leur fucceffion entre leurs enfants; reçu
Doreau, Notaire. De leur mariage vinrent tous les enfants qui fuivent.

19. G I L L E S de Courvol fut Enfeigne, puis Capitaine dans le Régiment
de Langeron, fuivant cinq Certificats de Meffieurs de Langeron & Go-
belin, des fervices rendus au Roi par Gilles de Courvol, fils de Jean,
Seigneur de Grand-Vaux, en qualité d'Enfeigne & de Capitaine, en date
des 7. Avril, 12. Septembre, 12. Octobre 1639. 20. Décembre 1640.
& 30. Mars 1641. Il eut une Commiffion le 22. Juillet 1643. pour
mettre fur pied une Compagnie de cent hommes d'augmentation au même
Régiment. Il fut tué à la guerre.

20. F R A N Ç O I S de Courvol, Chevalier, Seigneur de Grand-Vaux, rapporté après fes freres.

20. J E A N de Courvol, Ecuyer, né le 3. Février 1628. Philibert de
Courvol & Marie de Montfaulnin fa femme, fes oncle & tante, lui leguerent par leur teftament du 2. Août 1650. le tiers de leurs meubles
qui fe trouveroient ailleurs que dans leur maifon, ou Château de Lucery,
après leurs decès, avec le tiers de leurs acquêts & conquêts. Il ne vivoit
plus en 1667.

20. A L E X A N D R E de Courvol, Chevalier, Seigneur de Lucery & des
Aubus, mentionné avec fa pofterité au Chapitre I I I.

20. G I L B E R T de Courvol, Ecuyer, Seigneur de Lombraux, né à Saint
Maurice, le premier Décembre 1634. fut Cornette des Chevaux-Legers du
Marquis de la Croifette. Partagea avec fes freres les 4. Août & 11.
Septembre 1660. Eft mentionné au Contrat de Mariage de François fon
frere avec Marguerite de Pagany, du 4. Avril 1662. Fut maintenu dans
fa Nobleffe avec fes freres, le 27. Mars 1667. Epoufa par Contrat du
3. Août 1671. Gabrielle de *T R O U S S E B O I S*, d'une ancienne Maifon du Berry, alliée à celle de Digoine, de la Grange-d'Arquien, de
la Porte, Seigneurs de Peffeliere, de la Moignon. (M. de la Moignon,
Premier Préfident de Paris, étoit iffu en droite ligne de Jeanne de Trouf-

Trouffebois :
d'or à un Lion de
fable couronné,
lampaffé & armé
de gueules.

febois,) d'Affigny, de Bar, de Culant, &c. Eudes de Trouffebois eft nommé entre les parents de l'illuftre Maifon de Culant, en la Vente faite au Roi Philippe-Augufte, de la Ville d'Iffoudun en 1222. citée par la Thaumafiere, *page* 998.

Roland : d'or à la face de gueules chargée de trois rofes d'argent.

GABRIELLE de Trouffebois étoit fille de Michel de Trouffebois, Ecuyer, Seigneur de Paffy, Narcy, Varennes, le Crop-Guillot, Montifaut, Mouchi, Lonfroy, & autres lieux ; & de feu Claude de RO-LAND. Elle fut affiftée de fon pere ; de Catherine de Thibault fa belle-mere ; de François de Trouffebois, Ecuyer, Seigneur de Faye fon frere ; & de Françoife Rouffet fon époufe ; de Marguerite, Edmée & Anne de Trouffebois fes fœurs ; de Paul-Bernard de Roland, Ecuyer, Seigneur d'Arbouffe fon coufin germain ; de François-Leonard du Cret, Ecuyer, Seigneur de la Tour-Dubois & de Magdelaine de Jacquins fa femme. De la part de Gilbert futur époux, ce Contrat fut figné de François de Courvol, Seigneur de Grand-Vaux ; & de Lazare de Courvol, Seigneur de S. Maurice, Ecuyers, fes freres. L'acte paffé au Château de Paffy, Paroiffe de Varennes-les-Narcy, devant Leonard Chaurand, Notaire Royal au Baillage de S. Pierre-le-Mouftiers, Prévôté de Cenquoins. De ce Mariage vint,

Cotignon : d'azur à un fautoir d'or & une étoille de même en chef.

qui n'a nulle nobleffe.

11. MARGUERITE de Courvol, mariée par Contrat paffé devant Frachot, Notaire Royal à S. Saulge, le 9. Janvier 1691. à Jean-François de COTIGNON, Ecuyer, Seigneur de Mouaffe & de la Foffe, fils de François de Cotignon, & de Edmée de Brechard. Ce Contrat figné de Lazare de Courvol, Chevalier, Seigneur de Grand-Vaux, oncle & Tuteur de la future ; de Noble Jean-Baptifte Save, Seigneur de Savigny, beau-frere du futur ; de Jean de Brechard, Chevalier, Seigneur de Brinay, Pouilly & autres lieux, fon oncle maternel ; de Jean de Barrault, Docteur de Sorbonne, Chanoine, Curé de Cervon, fon coufin; de Lazare de Courvol, Chevalier, Seigneur de Lucy, coufin germain de Marguerite future époufe ; de Marguerite de Pagany, veuve de François de Courvol, Chevalier, fon oncle, pere dudit Lazare ; de François de Champ, Ecuyer, Seigneur de Champcourt ; & de Edme de la-Buffiere, Ecuyer, Seigneur de la Bruere, fes coufins. Elle mourut en 1717. & fut inhumée dans la Chapelle de Cotignon, en l'Eglife de S. Leger de Fougeret. Elle eut onze enfants, dont il ne refte que trois ;

Savoir 1°. Edme-Royer de Cotignon, Chevalier, Seigneur de Mouaffe, la Foffe, &c. lequel époufa par Contrat du 22. Novembre 1729. Eleonore-Amable Danguy, fille de Philibert Danguy, Chevalier, Seigneur de Monteuillon, & Laché ; & de Marie-Françoife de Courvol, d'où Anne-Françoife de Cotignon, née le 4. Janvier 1732. & mariée le 23. Novembre 1751. avec Pierre de Certaines , Chevalier , Seigneur de Villemolin , fils de feu Gabriel de Certaines, Chevalier, Seigneur de Villemolin , Capitaine & Major de Dragons dans Firmarcon , Officier de grande réputation ; & de Françoife de Lanfernat-de-la-Refle.

2°. François-René de Cotignon, Chanoine & Tréforier de l'Eglife Cathédrale de Nevers , Official du Chapitre, & Vicaire Général du Diocefe.

3°. Marie-Jeanne de Cotignon , femme de Gabriel de la Venne (ou la Veine) Ecuyer , Seigneur d'Oley.

10. L azare de Courvol , Ecuyer, Seigneur de Grand-Vaux en partie, né à S. Maurice , le 2. Novembre 1635. partagea avec fes freres, le 4. Août 1660. Eft nommé dans l'acte de partage fait entre François & Gilbert fes freres , le 11. Septembre fuivant ; & au Contrat de mariage de François fon frere , avec Marguerite de Pagany , le 4. Avril 1662. & de Leonard fon coufin, avec Claude de Quantin, du premier Février 1666. Fut maintenu dans fa Nobleffe avec fes freres , le 27. Mars 1667. Affifta au Contrat de mariage de Gilbert fon frere , avec Gabrielle de Trouffebois , du 3. Août 1671. & à celui de Marguerite leur fille & fa niece, avec Jean-François de Cotignon, du 9. Janvier 1691. dans lequel acte il eft dit fon Tuteur ; il le fut auffi des enfants d'Alexandre fon autre frere. Il avoit époufé le 13. Septembre 1671. par Contrat paffé devant Doreau , Notaire au Duché de Nivernois , Marie de *BRECHARD* , fille de feu Meffire Jean de Brechard , Chevalier, Seigneur de Brinay, Pouilly & Chamonot ; & de Damoifelle Françoife de Juizard, demeurant audit Chamonot , Paroiffe de Brinay. Ce Contrat figné de Gilbert de Courvol , Ecuyer , Seigneur de Lombraux, frere du futur ; de Claude de Charry , Ecuyer , Seigneur de Guierdy en partie , fon parent ; de ladite Françoife de Juizard , mere de la future ; de Jean de Brechard , Ecuyer , Seigneur de Brinay , fon frere ; de François de Cotignon , Ecuyer , Seigneur de Mouaffe , fon beau-frere ; de Henri de Bar , Chevalier , Seigneur, Comte de Bar & Limanton ; de Jacques de Barrault , Ecuyer, Seigneur de Charnoy ; de François de Paris, Ecuyer, Seigneur de Couloife ; & de Jean de Cloffe, Ecuyer , Seigneur de la Motte-Palleau. De ce mariage ne vint qu'une fille qui fuit.

11. M arguerite de Courvol fut mariée par Contrat paffé devant Frachot, Notaire à S. Saulge , le 12. Avril 1695. à Jean de la *VENNE* , Ecuyer , Seigneur de Sanify , fils de feu Etienne de la Venne , Ecuyer , Seigneur des Perriers , Sanizy , la Pallu , & autres lieux ; & de Dame Jeanne *JOMIC*, en préfence de Jean-Baptifte de la Venne, Che-

valier , Seigneur de la Pallu ; de Pierre de la Venne , Chevalier , Seigneur de Villiers , freres du futur ; de Dame Marguerite de Pagany , veuve de François de Courvol , Chevalier , Seigneur de Lucy , tante de la future ; de Lazare de Courvol , Chevalier , Seigneur de Lucy , son coufin germain ; de Jofeph de Courvol , Chevalier , Seigneur de Montas; de Gafpard-François de Champ, Chevalier , Seigneur de S. Leger , coufins germains de Marguerite ; de François de Champ, Seigneur de Champcourt , Chevalier ; de Jacques de Barrault , Chevalier , Seigneur de Charnoy ; de Jean de Barrault , Docteur de Sorbonne , Chanoine , Curé de Cervon , auffi fes coufins. Elle a eu une nombreufe poftérité, repandue en différentes branches.

X.

FRANÇOIS de COURVOL , Chevalier, Seigneur de Grand-Vaux en partie, de Lucy , Paroiffe de Sanizy ; & de Montas , Paroiffe de S. Maurice , naquit audit S. Maurice-les S. Saulge , le 30. Avril 1627. Philibert de Courvol , & Marie de Montfaulnin fon époufe , fes oncle & tante , lui léguerent par leur teftament , du 2. Août 1650. le tiers de leurs meubles qui fe trouveroient ailleurs que dans leur maifon de Lucery après leur décès , ainfi que le tiers de leurs acquêts & conquêts. Il partagea avec fes freres les biens de la fucceffion de leurs pere & mere , devant Doreau Notaire , le 4. Août & 11. Septembre 1660. Epoufa par Contrat paffé à Corbigny , devant Guillaumet & Paichereau , Notaires , le 4. Avril 1662. Marguerite de *PAGANY* , fille de Jean de Pagany , Ecuyer , Seigneur de la Chaife , Paroiffe de Pazy , au Diocefe de Nevers ; & de Michelle *BARGEDÉ*, affiftée de Guillaume de Pagany, Ecuyer, Seigneur d'Heugny fon oncle : & ont figné au Contrat , Alexandre de Courvol , Seigneur de Croizy , & François , Seigneur de Montas , frère & oncle du futur , Ecuyers. Il s'engage d'ailleurs dans le préfent Contrat , de le faire ratifier par fes deux autres freres Gilbert & Lazare. Il rendit hommage au Roi le 11. Août 1665. figna aux Contrats de mariage de fes freres , Alexandre avec Marguerite de Grandrie & de Gilbert avec Gabrielle de Trouffebois , des 29. Juin 1655. & 3. Août 1671. Fut maintenu dans fa Nobleffe avec fes freres & fes coufins - germains , par Jugement de M. Lambert d'Herbigny , Intendant de Moulins & de Bourges , du 27. Mars 1667. Eft compris avec Gilbert & Lazare fes freres dans un Rôle des Gentilshommes Vaffaux & arriere-Vaffaux du Duché de Nivernois & Donziois ; contribuables au Ban & arriere-Ban ordonné par le Roi en 1674. Il mourut en 1691. & fut inhumé à Saint Maurice. Sa veuve affifta au mariage de Gafparde fa fille avec Gafpard-François de Champ; de Marguerite de Courvol , avec Jean-François de Cotignon , & d'une autre Marguerite de Courvol avec Jean de la Venne ; toutes deux coufines-germaines

nes

nés entr'elles , & nieces de feu son mari , des 26. Janvier 1693. 9. Janvier 1691. & 12. Avril 1695. Elle mourut à Montas , & fut enterrée à Saint Maurice le 20. Novembre 1705. ayant eu de son mari les quatre fils & les deux filles qui suivent.

11. LAZARE de Courvol, Ecuyer , Seigneur de Lucy , a continué la postérité ci-après.

11. JOSEPH de Courvol, Ecuyer , Seigneur de Montas , fut baptisé à S. Maurice , le 6. Mars 1669. & eut pour parrain, Joseph Andrault, Seigneur de Langeron , & pour marraine, Marie de Montsaulnin. Il signa aux Contrats de mariage de Lazare , & de Claude de Couvol, ses freres, des 4. Octobre 1694. & 7. Août 1708. à celui de Marguerite de Courvol sa cousine-germaine , le 12. Avril 1695. Il épousa Renée *DE LA BARRE*, de laquelle il n'eut point de posterité. Il mourut le 18. Mars 1714. & fut inhumé à Saint Maurice.

La Barre : d'azur à trois glands d'or , tigés & feuillés chacun d'une feuille de même.

11. CLAUDE de Courvol, Ecuyer , Seigneur de Villaines , épousa par Contrat passé devant Marchangy, Notaire à S. Saulge , le 7. Août 1708. Etiennette *DE LA VENNE*, fille de feu Jean-Baptiste de la Venne , Ecuyer , Seigneur de la Pallu ; & de Claude Richou , étant assistée de Jean de la Venne , Seigneur de Sanify ; d'Etienne de la Venne , Seigneur des Perriers ; & de Pierre de la Venne , Seigneur de Villiers , Ecuyers , ses oncles ; de Gaspard de la Venne son frere , Ecuyer. Ce Contrat signé de Joseph de Courvol , Ecuyer , Seigneur de Montas , frere du futur ; de Pierre de la Menu, Ecuyer ; & plusieurs autres. Il fut inhumé à Saint Saulge , le 21. Juillet 1734. n'ayant eu de son alliance , que deux filles qui suivent.

La Venne : d'azur à deux Lions d'or affrontés , soûtenant un cœur de carnation, surmonté d'une couronne d'or, acosté de deux étoiles d'argent.

12. GENEVIEVE de Courvol , mourut âgée d'environ 40. ans , le 17. Février 1751.

12. MARIE de Courvol , fut mariée par Contrat passé devant Pinault, Notaire Royal à Saint Saulge , le 21. Janvier 1752. à Edme *DE LA BUSSIERE*, Ecuyer , Seigneur de la Bruere & de la Boissiere en partie , Lieutenant dans Bauvilliers , Cavalerie , fils de feu Gui de la Bussiere , Ecuyer , Seigneur de Bois-Retif & de la Bruere , & de Dame Marie de Tournemire. Ce Contrat signé de ladite Dame de Tournemire ; de Marie de la Bussiere , veuve de Barthelemy d'Estud , Ecuyer , Seigneur de Talon & des Pierrots ; de Dame Etiennette de la Venne , mere de la future ; de François de Courvol , Ecuyer , ancien Capitaine d'Infanterie dans Agenois , son oncle ; de Françoise de Courvol , fille majeure , sa cousine-germaine ; de Charles-François Save , Seigneur de Sa-

La Bussiere : d'azur à une bande d'or , cotoyée en chef & en pointe d'une étoile , & d'un demi vol d'argent.

G

vigny, Officier chez le Roi, & de Marie-Anne de Courvol sa femme, coufine - germaine de ladite Damoifelle future ; de Lazare Save, Ecuyer, leur fils ; Gendarme de la Garde du Roi ; de Jean-Baptifte de la Venne, Ecuyer, Seigneur de Marcenay, & de Marguerite de la Venne, veuve de Lazare de Chargere, Ecuyer, fes oncle & tante. La célébration du mariage fut faite le premier Février fuivant.

11. F R A N Ç O I S de Courvol, Ecuyer, fut fucceffivement Enfeigne, Lieutenant, puis Capitaine dans le Regiment d'Agenois. La date de Commiffion de Capitaine eft du 8. Mai 1708. Il figna aux Contrats de Mariage de Germain-Gabriel ; de Louis-François & de Marie de Courvol, fes neveux & niece, des 3. Octobre 1740. 19. Janvier 1745. & 21. Janvier 1752. Il avoit époufé en 1722. Anne *P I E R R E*, veuve de François de la Chaffagne, Ecuyer, Seigneur d'Uxeloup, au Diocefe de Nevers, fille de Pierre Pierre, Ecuyer, Seigneur de Franay, Saint Cy, le Chaillou & autres Terres, & d'Auguftine-Guillemette Ferrand ; & fœur de Françoife-Marie Pierre, femme de Lazare de Courvol fon frere. Il n'en eut point d'enfants.

Pierre : d'azur à une clef d'argent, & un bourdon d'or, paffés en fautoir, accompagnés en chef d'une étoile d'argent, & en pointe d'une coquille d'or.

11. G A S P A R D E de Courvol fut mariée par Contrat paffé au lieu de Montas, devant Frachot, Notaire à Saint Saulge, le 26. Janvier 1693. avec Gafpard-François *D E C H A M P*, Ecuyer, Seigneur de Saint Leger, fils de feu François de Champ, Ecuyer, Seigneur dudit Saint Leger, & de Dame Françoife Moireau : préfents Louis de Champ, Seigneur de Monfet, Jacques de Champ, Seigneur de Chalofge, Ecuyers, freres dudit François ; Gafpard, Jean-Baptifte, & Roger de Fradel, Ecuyers, Capitaine & Lieutenants de Cavalerie, parents du futur époux : & du côté de l'époufe, Jofeph de Courvol, Lieutenant d'Infanterie fon frere ; Jean-Guy de Courvol, Seigneur de Croify ; Leonard de Courvol, Seigneur de Montas ; Jean-François de Cotignon, Seigneur de Mouaffe ; Claude de Pagany, Seigneur de la Chaife, tous Ecuyers, fes coufins. Gafpard-François de Champ affifta au mariage de Jean-Guy de Courvol fon coufin - germain, le 22. Février 1694. à celui de Lazare de Courvol fon beau-frere, du 4. Octobre fuivant ; & à celui de Marguerite de Courvol fa coufine-germaine, du 12. Avril 1695.

De Champ : d'azur à cinq plantes de mandragore, pofées deux à dextre, & trois à feneftre; & un franc canton d'argent, chargé de cinq mouchetures d'hermine de fable, pofée 2. & 3.

11. G E N E V I E V E-F R A N Ç O I S E de Courvol, morte Religieufe Urfuline à Saint Pierre-le-Mouftiers.

X I.

L A Z A R E de C O U R V O L, Ecuyer, Seigneur de Lucy, figna au Contrat de Mariage de Jean-Guy de Courvol, Chevalier, Seigneur de Lucery & de Croizy, fon coufin-germain, du 22. Février 1694. époufa par

Contrat paffé à Nevers devant Billaud , Notaire-Royal , le 4. Octobre fuivant , Françoife-Marie *PIERRE* , fœur d'Anne , femme de François fon frere. A ce Contrat affifterent Marguerite de Pagany , mere de Lazare , & Claude de Pagany , Chevalier , Seigneur de la Chaife , Monbaron & autres Lieux , Chevalier d'honneur au Préfidial de S. Pierre-le-Mouftier ; Lazare de Courvol , Chevalier , Seigneur de Grand-Vaux , oncle du futur époux ; Jofeph de Courvol , Seigneur de Montas fon frere ; Gafpard-François de Champ , Chevalier , Seigneur de Saint Leger , fon beau - frere ; Guy de Cotignon , Ecuyer ; Henri-Gilbert de Viry , Ecuyer , Seigneur du Vernay & de la Barre , beau-frere de la future ; & Pierre le Jeune , Ecuyer , fon frere. Lazare de Courvol figna au Contrat de mariage de Marguerite de Courvol , fa coufine-germaine , avec Jean de la Venne , du 12. Avril 1695. Lui & fa femme produifirent leurs Armoiries à Nevers , pour l'Armoirial général en 1698. & 1699. Il mourut à Lucy le 5. Avril 1735. & fut inhumé à Sanify ; & elle décedée dès le 17. Septembre 1733. gît au même lieu. Leurs enfants furent ,

Pierre: d'azur à une clef d'argent , & un bourdon d'or, paffés en fautoir , accompagnés en chef d'une étoile d'argent ; & en pointe d'une coquille d'or.

12. P I E R R E de Courvol , né à Lucy le 7. Juin 1695. Chanoine de l'Eglife Cathedrale de Nevers , du 6. Avril 1712. & Prieur-Commendataire de Faye , Ordre de Grammont , près Nevers , par Brevet du 12. Septembre 1720.

Etat de la France , édition de 1749. Tome. III. pag. 202.

12. G A S P A R D - G U I L L A U M E de Courvol , né à Lucy le 5. Juillet 1696 & mort le 26. Mars 1697.

12. L O U I S - F R A N Ç O I S de Courvol , Ecuyer , Seigneur de Lucy, qui fuit.

12. F R A N Ç O I S de Courvol , né le 8. Octobre 1702. mourut le 22. Octobre 1706.

12. G E R M A I N - G A B R I E L de Courvol , Ecuyer , Seigneur de Montas , rapporté après la poftérité de Louis-François fon frere.

12. N. de Courvol , ondoyé le 2. Décembre 1705. ayant eu pour parrain & marraine défignés , M. Edouard de Bargedé , Evêque de Nevers , & Dame Marguerite Rodot , Marquife d'Efpeuille. Il mourut le 23. Avril 1708.

12. L A Z A R E de Courvol , né à Nevers le 31. Janvier 1707. & mort le 15. Janvier 1710.

12. R O B E R T - J O S E P H de Courvol , né à Nevers le 6. Juillet 1708. mourut le 22. Avril 1710.

G ij

12. G A B R I E L L E-M A R I E de Courvol, née le 27. ondoyée le 29. Juillet 1697. & baptifée à Sanify, le 15. Septembre fuivant, fut Religieufe aux Dames de Sainte Marie de Nevers, & y mourut le 22. Décembre 1750.

12. F R A N Ç O I S E de Courvol, née le 13. Mai 1700. eft nommée aux Contrats de mariage de Germain-Gabriel fon frere, & de Marie de Courvol fa coufine-germaine, des 3. Octobre 1740. & 21. Janvier 1752.

12. M A R I E-A N N E de Courvol, née le 3. Octobre 1701. fut mariée par Contrat paffé à Lucy, devant Coquille, Notaire à S. Saulge, le 19. Janvier 1719. à Charles-François *S A V E*, Seigneur de Savigny, Officier dans la grande Fauconnerie. Elle eft nommée au Contrat de mariage de Germain-Gabriel fon frere, du 3. Octobre 1740. & dans celui de Marie de Courvol fa coufine-germaine, ainfi que fon Mari, & Lazare Save, Ecuyer, leur fils, du 21. Janvier 1752.

Save de Savigny : d'azur à un chevron d'argent, accompagné de trois pots à deux anfes d'or.

X I I.

L O U I S-F R A N Ç O I S de COURVOL, Ecuyer, Seigneur de Lucy, né le 25. & ondoyé le 29. Septembre 1698. fut baptifé le 7. Octobre fuivant. Il entra au Service dès l'âge de 13. ans, & fut fucceffivement Sous-Lieutenant au Régiment d'Agenois, le 3. Janvier 1711. Lieutenant le 20. Septembre 1712. & réformé à la Paix de Raftadt. Remplacé au Bataillon de Sermaife, en qualité de Lieutenant en pied, le 31. Décembre 1719. Repaffa après la réforme de ce Bataillon, dans le Régiment d'Agenois, en la même qualité de Lieutenant, le 22. Septembre 1722. & y fut fait Capitaine par Commiffion du 27. Octobre 1723. Il époufa par Contrat paffé devant Coquillé, Notaire à S. Saulge, le 19. Janvier 1745. Marie-Anne de la *T O U R-N E L L E*, fille de Gilbert de la Tournelle, Ecuyer, Seigneur d'Efnet & de Reugny, Capitaine au Régiment de Laval, Infanterie, Chevalier de l'Ordre Militaire de S. Louis, Penfionnaire du Roi ; & de Marie-Anne d'Efcarbotte ; & fœur de François-Georges de la Tournelle, Ecuyer, auffi Capitaine d'Infanterie au même Régiment, & Chevalier de S. Louis ; qui ont figné au Contrat, ainfi que François de Courvol, ancien Capitaine d'Infanterie dans Agenois ; Germain-Gabriel de Courvol, Gentilhomme de la Manche du Roi ; & Jacques de Champ, Seigneur du Creufet, Brigadier des Gens-d'Armes de la Garde, Ecuyers, oncle, frere & coufin-germain du futur époux. Nous avons vu ci-devant une autre alliance avec l'illuftre Maifon de la Tournelle, par le mariage de Jean de Courvol, avec Jeanne de la Tournelle en 1441. Du préfent mariage font iffus.

La Tournelle porte de gueules, à trois Tours d'or.

13. G I L B E R T de Courvol, né au Château de Lucy le 12. & baptifé le 13. Janvier 1746. mourut âgé de fix femaines. Ayant eu pour parrain

Gilbert de la Tournelle , Chevalier , Seigneur de Reugny , fon grand-pere maternel ; & pour marraine , Françoife de Courvol fa tante.

13. JEAN-BAPTISTE de Courvol , né à Lucy , le 25. Mai , & baptifé le même jour 1752. ayant eu pour parrain , Jean-Baptifte de l'Efcarbotte , Chanoine Honoraire de Guife , fon grand-oncle maternel ; & pour marraine , Marie-Therefe David , femme de Louis de l'Efcarbotte , Ecuyer , Seigneur de Beaufort , & Tréforier de France à Soiffons , fa coufine maternelle.

13. MARIE-ANNE de Courvol , née à Lucy , le 2. Mars 1747. admife à S. Cyr l'année précédente 1752. eut pour parrain , George de la Tournelle , Chevalier , Capitaine au Régiment de Cambis , fon oncle ; & pour marraine , Marie-Anne de Courvol , Dame de Savigny , fa tante.

13. MARIE-ANNE de Courvol , née à Lucy , le 22. Juin 1748. eut pour parrain , Pierre de Courvol , Prieur de Faye , fon oncle ; & pour marraine , Marie-Anne Oppin-de-la-Motte , fa coufine maternelle.

13. LOUISE-MONIQUE de Courvol , auffi née à Lucy , le 17. Août 1749. fut tenue fur les Fonts Baptifmaux , par Louis-Antoine , Comte de Torcy , Chevalier , Seigneur de Lantilly , du Sauvage , & de Poinchy , fon coufin maternel ; & par Monique Carpentier de Changy , femme de Germain de Courvol fon oncle. M. le Comte de Torcy , eft d'une Maifon des plus anciennes , & des mieux alliées du Nivernois , & oncle à la mode de Bourgogne de Meffieurs de Courvol , de la feconde Branche qui fuit après celle-ci , au Chapitre I I I.

13. N... de Courvol , née le 22. Août 1750. ondoyée le 23. mourut le 22. Décembre fuivant , ayant eu pour parrain & marraine défignés , Jean-Claude de Courvol , Chevalier , Capitaine au Régiment de Nice ; & Marie-Anne de Courvol , mariée depuis (le 21. Janvier 1752.) à Edme de la Buffiere , Ecuyer , Seigneur de la Bruere , & de la Boiffiere , fes coufin & coufine.

XII.

GERMAIN-GABRIEL de COURVOL , Ecuyer , Seigneur de Montas , Gentilhomme de la Garde du Roi , naquit à Lucy , le 19. Mai 1704. Fut fait Gentilhomme de la Manche de Sa Majefté , par Lettres du 31. Mai 1745. Brigadier des Gardes du Corps , de la Compagnie Ecoffoife , le 23. Janvier 1748. Chevalier de l'Ordre Militaire de S. Louis , le 7. Avril 1749. & brévété Capitaine de Cavalerie , le 30. Mars 1750. Il a époufé par Contrat paffé devant Tixier , Notaire à Nevers , le 3. Octobre 1740. Mo- Etat de la Fran-
ce , édition de
1749. Tom. 2. pag
37.

Carpentier: d'azur à une étoile d'or en cœur, accompagnée de trois croissants d'argent, deux en chef, & un en pointe.

La Fond : burelé de huit pieces d'or & de gueules au Lion brochant fur le tout de l'un en l'autre.

nique *CARPENTIER*, fille de Jean-François Carpentier de Changy, Ecuyer, Seigneur des Pavillons, Paroiffe de S. Martin d'Hueille, Diocefe de Nevers ; & de Magdelaine *DE LA FOND*; fœur de Jean-François Carpentier de Changy, Moufquetaire du Roi dans la premiere Compagnie ; & niece de Jean-François Carpentier, Ecuyer, Seigneur de Vanzé, Paroiffe de Champvert, au même Diocefe, Brigadier des Ingenieurs, & Chevalier de S. Louis, qui ont tous fignés au préfent Contrat, de même que François de Courvol, Ecuyer, ancien Capitaine d'Infanterie, dans Agenois ; Françoife & Marie-Anne de Courvol, Dame de Savigny, oncle & fœurs du futur époux. Les enfants nés de ce Mariage font.

13. JEAN-FRANÇOIS de Courvol, né le 25. Juillet 1745. & mort, âgé d'environ quatre ans.

13. CLAUDE-PIERRE de Courvol, né le 18. Novembre 1747.

13. AUGUSTIN de Courvol, né le 12. Novembre 1748.

13. JOSEPH de Courvol, né le 6. Mars 1750.

13. FRANÇOISE-MONIQUE de Courvol, née le 3. Mai 1742. reçue à S. Cyr, la précédente année 1752.

CHAPITRE III.

X.

Grandrie: d'argent, à trois trefles de finople.

Du Pin : d'azur à trois coquilles d'or.

ALEXANDRE de COURVOL, Chevalier, Seigneur de Lucery & des Aubus, troifieme fils de Jean de Courvol, Chevalier, Seigneur de Grand-Vaux, & de Benigne de Chaffy ; fut baptifé à S. Maurice les S. Saulge, le 11. Octobre 1628. & affocié aux Prieres de l'Ordre des Chartreux, avec fon oncle Philibert de Courvol, & Marie de Montfaulnin fa femme, le 3. Mai 1638. Ses mêmes oncle & tante lui léguerent par leur teftament, du 2. Août 1650. les meubles qui fe trouveroient dans leur maifon après leur décès ; & le tiers de leurs meubles qui fe trouveroient ailleurs que dans ladite maifon, avec le tiers des acquêts & conquêts. Il époufa par Contrat du 29. Juin 1655. Marguerite de *GRANDRIE* ou Grandry (on trouve l'un & l'autre dans différents endroits) fille de feu Pierre de Grandrie, Chevalier, Seigneur de Chauvance, premier Capitaine du Régiment de Langeron ; puis Lieutenant Colonel du Régiment de Bourbonnois, & de Dame Claude *DU PIN* de Ferrieres. Ce Contrat fut paffé au Château de la Chapelle S. André, près de Varzy, Election de Clamecy, Diocefe d'Auxerre, devant le Clerc, Notaire Royal à Varzy ; & fut figné de François de Courvol,

Chevalier , Seigneur de Montas, oncle d'Alexandre ; fondé de procuration de Jean fon pere , du 24. Mai précédent ; de François de Courvol , Chevalier , Seigneur de Grand-Vaux , fon frere ; d'un troifieme, François de Courvol, Chevalier, Seigneur du petit Bafolle , & de Savigny ; & de Leonard de Courvol, Ecuyer, fes coufins-germains ; de Guillaume de Grandrie , Chevalier , Seigneur de Ferrieres , aïeul de ladite Marguerite ; de Lazare de Grandrie , Chevalier , Seigneur de Mont , & de Dame Catherine de Beaujeu fa femme ; de Samuël de Grandrie , Chevalier , Seigneur de Cuncy , Capitaine des Gardes de fon Alteffe Royale , & de Elifabeth de Raimond fa femme , fes oncles & tantes ; de Roger de Grandrie , Chevalier , fon frere ; de Louis de Bloffet , Chevalier, Seigneur de S. Georges ; de Louis de la Riviere , Chevalier , Commandeur de Malthe ; de François de Meung , Chevalier , Seigneur de la Ferté-Chalmant ; de Jean de Têpes , Chevalier , Seigneur de Varigny , Capitaine d'Infanterie , au Régiment d'Uxelles ; de Profper de Georges , Chevalier , Seigneur de Romanet , beau-frere de la future ; d'Antoine Chevalier , Chevalier , Seigneur de Minieres ; & Ribourdin , fon coufin ; d'Antoine du Roux , Chevalier , Seigneur de Revillon ; d'Henry de Gentil , Chevalier , Seigneur des Barres ; de Claude de Marchand , Ecuyer , Seigneur de la Fouchardiere; de Dominique Andras , Ecuyers ; & de plufieurs autres.

La Maifon de Grandrie , eft une des plus confidérables du Nivernois. Elle à pris fon nom d'une Terre , fituée dans la Paroiffe de Befnes , & elle eft connue dès l'an 1373. Marguerite de Grandrie étoit arriere petite-fille de Guillaume de Grandrie , Seigneur de Grand-Champ , de la Montagne , & de Monceaux , Chambellan du Duc d'Alençon , frere du Roi Charles IX. Ce Seigneur connu à la Cour fous le nom de Grand-Champ , & diftingué par fa politique & fon amour pour les Belles-Lettres, fut pendant quatre ans Ambaffadeur à la Porte ; & y négocia la dépofition du Roi d'Alger , depuis 1566. jufqu'en 1570. Il dépenfa dans fon Ambaffade *trente mille écus*, fomme alors trèsconfidérable. Il étoit frere de Pierre de Grandrie , Seigneur de Grandrie , de Befnes , & Maître d'Hôtel du Roi, Chambellan du Duc d'Alençon , & Ambaffadeur pour le Roi , vers les Grifons en 1572. Ils fe trouverent mêlés l'un & l'autre dans les affaires de la Molle & Coconas : & c'eft ce qui donne lieu à l'Abbé le Laboureur qui en a écrit l'Hiftoire , de donner la Généalogie de leur Maifon , dans laquelle Alexandre de Courvol fe trouve placé , avec Marguerite de Grandrie fa femme , fous le nom de Grand-Vaux , nom de Terre, fous lequel Jean de Courvol fon pere étoit connu.

Nous ne pouvons nous difpenfer ici , de faire mention de la générofité de M. *DU CLERROY*, Seigneur de Marry & de Villars en Nivernois; & nous ofons efpérer qu'on ne nous en defapprouvera pas. Ce Seigneur, voifin de M. le Comte du Tremblay , ayant fu qu'il ne s'étoit appliqué à la recherche des anciens titres de la Maifon de Courvol , que pour donner lieu de travailler à une feconde édition de la Généalogie de cette Maifon , à donné avis que celle de

Grandrie avoit eu un Ambaſſadeur en Turquie , dont l'obſervation pouvoit trouver ſa place dans la nouvelle édition projetée ; & pour en juſtifier , il a envoyé à M. d'Herry (François-Raco de Courvol) copie vidimée de deux titres de ſa Maiſon : ſavoir le Contrat de mariage de Judith de Grandrie , du 4. Février 1612. reçu à Moulins-Engilbert , par Meru , Notaire Royal , avec Jean du Clerroy , Seigneur de la Maiſon-neuve , de la Jarouſſe & Châtellenie , Capitaine de cent Chevaux Legers , Gentilhomme Ordinaire de la Maiſon du Roi ; & Gouverneur pour Sa Majeſté en la Ville d'Aigué-Perſe ; dans lequel elle eſt dite fille de feu Meſſire Guillaume de Grandrie , Seigneur de la Montagne , Conſeiller du Roi , & ſon Ambaſſadeur en Turquie ; & de Dame Claude de Baumont ; ſigné de Pierre Bureau , Ecuyer , Seigneur de Chevanne ; de François de Bongars , Ecuyer , Seigneur d'Arſilly ; & de Charles de Morant , Ecuyer , Seigneur d'Eſtevoſt , & Pierrefite. Cette même qualité d'Ambaſſadeur ſe voit encore , dans un Arrêt de la Cour des Aides de Paris, du 26. Août 1632. obtenu par la même Judith de Grandrie ſa fille ; & Charles du Clerroy , fils de feu ſon mari ; & de ſa premiere femme Edmée de Terrier , à qui elle fit épouſer Jeanne de Grandrie ſa niece. La Maiſon du Clerroy , à qui nous avons obligation de la communication de ces deux pieces , qui nous ont conduit à la découverte que nous avons faites dans M. le Laboureur , eſt une Maiſon conſidérable du Bourbonnois , établie dans le Nivernois , depuis 1612. Par le mariage de Jean du Clerroy , avec Judith de Grandrie , dont il ne vint point d'enfant ; & par celui de Charles ſon fils , & de ſa premiere femme Edmée de Terrier en 1630. avec Jeanne de Grandrie , fille de Jean de Grandrie , & d'Olive de Monſoi ; & niece de Judith , ſa ſeconde femme , d'où eſt iſſue une nombreuſe poſtérité. Elle eſt grande-mere de M. du Clerroy , de la généroſité de qui on tient de ſi précieuſes copies vidimées.

Reprenons la ſuite des Actes d'Alexandre de Courvol. Il eſt nommé dans un Acte de partage , fait entre François & Gilbert ſes freres , le 11. Septembre 1660. Il aſſiſta au mariage du même François , avec Marguerite du Pagany , le 4. Avril 1662. Fut maintenu dans ſa Nobleſſe avec ſes freres ; & avec Charles , Leonard , & Lazare de Courvol , ſes couſins-germains , par jugement de M. Lambert-d'Herbigny , Intendant de Moulins & de Bourges , du 27. Mars 1667. Il produiſit auſſi ſes tires devant M. de Machault , Intendant d'Orleans, duquel il eut un pareil jugement , le 8. Juillet ſuivant. Il mourut le 25. Janvier 1671. & fut inhumé le lendemain dans le Sanctuaire de l'Egliſe Paroiſſiale de la Chapelle S. André , au tombeau de ceux de ſa Maiſon.

MARGUERITE de Grandrie ſa veuve , mourut le 11. Août de l'année ſuivante ; & fut inhumée le lendemain auprès de lui. Par ſon teſtament fait au Château de la Chapelle , devant Ducheſne , Notaire , le 7. précédent , elle avoit fait une fondation en l'Egliſe de la Chapelle S. André , d'une Meſſe par ſemaine ; d'un Service ſolemnel , la veille de la Fête de l'Aſſomption ; & d'un

Libera

Libera à dire tous les Dimanches fur fa tombe. Leurs enfants furent.

11. C H A R L E S de Courvol, né, & baptifé à la Chapelle S. André, le 23. Février 1661. lequel avoit eu pour parrain & marraine défignés, Charles de Montfaulnin, Comte de Montal, Maréchal des Camps & Armées du Roi, Gouverneur de S. Jean de Lofne; & depuis Chevalier des Ordres du Roi, & Lieutenant Général de fes Armées; & Anne de la Ferté, époufe de Guillaume de Carruyer, Chevalier, Seigneur de Beauvais, Linfec, & autres lieux. Mais la foibleffe de fa fanté, ne permit pas d'attendre le temps néceffaire à la cérémonie de fon Baptême. Il mourut le 4. Mars 1662. & fut inhumé à la Chapelle S. André.

11. J E A N-G U Y-R A C O de Courvol, Chevalier, Seigneur de Croizy & de Lucery, qui fuit.

11. J E A N N E de Courvol, née à la Chapelle S. André, le 5. Juin 1658. eut pour parrain, François de Courvol, Seigneur de Grand-Vaux, fon oncle; & pour marraine, Jeanne de Grandrie, fa tante. Elle mourut, le 12. Mars 1662.

11. M A R I E-F R A N Ç O I S E de Courvol, fut mariée par Contrat paffé devant Frachot, Notaire Royal à S. Saulge, le 28. Avril 1682. à Meffire Philibert *D A N G U Y*, Chevalier, Seigneur de Monteuillon, Paroiffe de Luzy, Diocefe d'Autun, & de Moragne, d'une famille ancienne, & des mieux alliées de Bourgogne; fils d'Adrien Danguy, Seigneur de Moragne, Marteville, & Patigny; & d'Eleonore de Chaugy, des Comtes de Rouffillon. Il affifta comme fubrogé tuteur au Contrat de Mariage de Marie de Courvol, fa belle-fœur, le 29. Avril 1686. Il commandoit l'Efcadron de la Nobleffe du Nivernois, en 1694. Et il fut maintenu dans fa Nobleffe par M. le Vayer, Intendant de Moulins, le 6. Avril 1698. De leur mariage vinrent entre autres enfants, Eleonore-Amable Danguy, mariée le 22. Novembre 1729. à Edme-Roger de Cotignon, Chevalier, Seigneur de Mouaffe, fon coufin iffu de germain; d'où Anne-Françoife de Cotignon, fille unique, mariée le 23. Novembre 1751. avec Pierre de Certaines, Chevalier, Seigneur de Villemolin, coufin-germain de Jean-Guy-Raco de Courvol, qui va fuivre.

Danguy: d'azur à une Croix ancrée d'or.

11. M A R I E de Courvol, née à la Chapelle de S. André, le 5. & ondoyée le 9. Mai 1670. fut baptifée le 25. Janvier 1672. Son parrain fut Jacques de Fourvieres-Coudray, Baron de Creancy, coufin-germain de Marguerite de Grandrie, mere de l'enfant; & la marraine fut, Marie de Hanniques de Benjamin, femme d'Edme de Chaffy, Baron

d'Hoix, coufin-germain d'Alexandre de Courvol, pere de l'enfant. Elle époufa par Contrat paffé au Château de Monteuillon, devant Cortet, Notaire Royal à Luzy, Diocefe d'Autun, le 29. Avril 1686. Jacques des *JOURS*, Chevalier, Seigneur de Mafille, Paroiffe de Luzy, Capitaine appointé dans la Compagnie des Gens-d'Armes de la Garde du Roi ; & depuis Maréchal des Logis, & Major des mêmes Gens-d'Armes, Meftre de Camp, & Chevalier de l'Ordre de S. Louis ; fils de feu Jerôme des Jours, Chevalier, Seigneur de Mafille, & de Jeanne de Ganay. Il eft dit dans ce Contrat qu'il agiffoit, de l'avis de Nicolas, & de Jerôme de Ganay, Ecuyers, fes oncles ; de Pierre de Chargere, Chevalier, Seigneur de la Goutte, fon coufin-germain ; de Robert Dugon, Chevalier, Seigneur de Lachey ; d'Étienne Lopin, Seigneur de Sauvant; de Leonard & Alexandre de Lavalade, Ecuyers, Seigneurs de Truffin, & de Géffy, fes parents. Marie de Courvol de fon côté, procede de l'autorité de Philibert Danguy, fon beau-frere, & tuteur fubrogé au lieu & place de Lazare de Courvol, Chevalier, Seigneur de Grand-Vaux, fon oncle ; & eft affiftée de fes autres parents qui fuivent. Jofeph de Fourvieres, Chevalier, Seigneur de Quincy ; François & Louis de Siry, Chevaliers, Seigneurs de Seranday ; Charles Tixier, Chevalier, Seigneur d'Orné ; & Pierre le Prêtre, Chevalier, Seigneur de Vauban, Montarmin & Eftevaux, Capitaine de Cavalerie au Régiment de la Reine, (coufin-germain de M. le Maréchal de Vauban.) Jacques des Jours époufa en feconde nôce, le 23. Juin 1698. Françoife le Prêtre, fille de Pierre, Seigneur de Vauban, dont il vient d'être parlé, & de Françoife du Cret, Dame de Montarmin. Des Jours fe trouve d'ailleurs allié avec la Maifon de Trouffebois, par le mariage de Françoife Trouffebois, fille de Jean de Trouffebois, & de Magdelaine de la Porte, de la branche de Peffeliere ; avec François des Jours, Seigneur de Mafille, environ 1580.

X I.

JEAN-GUY, ou Jean-Guy-Raco (ce dernier nom eft votif) de Courvol, Chevalier, Seigneur de Croify & Lucery, né le 15. Novembre, & baptifé le 12. Décembre 1666. à la Chapelle S. André ; eut pour parrain & marraine, Guy de Grandrie, Seigneur de Chauvance, & de Ferrieres ; & Jeanne-Elifabeth de Grandrie, fes oncle & tante. Il fut fait Cornette dans le Régiment du Maine, dont étoit Meftre de Camp, Roger de Grandrie, fon oncle, Officier de grande réputation, & fe trouva en cette qualité à la Bataille de Fleurus, où fon oncle fut tué. Il demanda ce Régiment ; mais n'ayant pu l'obtenir, il quitta le Service. Il partagea avec fes fœurs & beaux-freres, les biens de la fucceffion de leur pere & mere, devant le Clerc, Notaire à

Varzy, le 27. Décembre 1692. Louis de Longueville, Ecuyer, servit en son nom dans l'Escadron des Gentilshommes, de la Province du Nivernois, pendant la Campagne de la même année, selon le Certificat du Sieur Antoine de Marselange, commandant ledit Escadron, en date du 4. Octobre 1692. Il épousa par Contrat passé devant Gudin, Notaire à Chassy, le 22. Février 1694. Edmée ou Edmée-Magdelaine *BESAVE*, fille de François Eleonor Besave, Conseiller du Roi, Président en l'Election de Châtel-Chinon, & de Jeanne de *CERTAINES*; & sœur de Jeanne Besave, mariée le 12. Juillet suivant, à André-François d'Anstrude, Seigneur de Bierry, des Soulias, de Villiers-les-hauts, & de Mareüil, issu d'une des plus anciennes, & des plus illustres Maisons du Royaume d'Ecosse, alliée avec les Maisons de Stuart, & de Gordon; (ce sont les termes des Lettres d'érection, de la Terre de Bierry, en Baronnie, sous la dénomination d'Anstrude, du mois d'Août 1737.) Duquel mariage est venu entre autres enfants, François-Cesar, Baron d'Anstrude.

EDME'E Besave étoit niece par sa mere de Charles de Certaines, Chevalier, Seigneur de Villemolin; qui signa à son Contrat de mariage, & fut tuteur de ses enfants; & petite niece d'Edme, & de Charles de Certaines, Chevaliers de l'Ordre de Malthe, le premier Commandeur de la Romagne, & Chef d'Escadre; le second Commandeur de Nancy; & de Pierre de Certaines, aussi Chef d'Escadre, Seigneur de Fricambault, & de Courvol-Dam-Bernard, qui n'eut qu'une fille, Armande-Marguerite de Certaines, mariée au Comte de Jaucourt-du-Veau, près Avalon, en Bourgogne, à qui elle porta cette Terre.

Ce même Contrat fut signé par Philibert Danguy, Seigneur de Montcuillon; Jacques des Jours, Seigneur de Masille, Chevaliers, beaux-freres de Jean-Guy, futur époux; Lazare de Courvol, Seigneur de Lucy; Gaspard de Champ, Seigneur de S. Leger, Chevaliers, ses cousins-germains; & Jean de Fradel, Ecuyer, cousin-germain de Jeanne de Certaines, mere de la future épouse.

JEAN-GUY de Courvol eut quittance, le 27. Décembre 1694. de la somme à laquelle il avoit été employé au rôle arrêté par l'Intendant du Nivernois, pour les charges du Ban de cette année, pendant laquelle, Jean de Louis, Ecuyer, Seigneur du Coudray, servit pour lui dans l'Escadron de l'Arriere-ban de ladite Province; ainsi qu'il paroît par le Certificat de Philibert Danguy, son beau-frere, qui commandoit cet Escadron, en date du 4. Septembre de la même année 1694. Il fut employé en 1696. dans la revue des Gentilshommes de la Province qui devoient servir cette année, faite par M. le Comte de Busseau, Lieutenant de Roi du Nivernois; & fut reçu à faire faire son service par Jean de la Moignon, Ecuyer, en date du 17. Mai de cette année, selon le traité fait entr'eux à cet effet du 24. Avril précédent. Il fut

H ij

Besave : de gueules au Lion d'or.
Certaines : d'azur à un Cerf passant d'or.

déchargé des taxes à lui impofées pour l'Arriere-ban de Bourgogne en cette même année, attendu qu'il fervoit dans celui du Nivernois. Il fit fon teftament le 7. Octobre 1714. devant Jean-Baptifte Brochot, Notaire Royal, réfidant à Antien ; & y déclare qu'il veut être inhumé dans l'Eglife d'Antien, Paroiffe du Chemin, où il réfidoit alors, au lieu qui fera défigné par Meffire Charles de Certaines, Chevalier, Seigneur de Villemolin, fon oncle, demeurant à Pouque ; auquel il laiffe le foin de faire prier Dieu pour le repos de fon ame: & qu'il nomme pour tuteur à Philibert, Charles, Raco, Armande, & Gabriel de Courvol, fes enfants ; & de feu Dame Edmée Befave, fa femme, l'ayant très-inftamment prié de vouloir accepter la charge : & le déchargeant pour cet effet de faire faire aucun inventaire, ni de rendre aucun compte à fes enfants pour quelque caufe que ce foit. Lui donnant pouvoir, au cas qu'il ne foit point en état d'exercer la tutelle, de nommer telle perfonne qu'il avifera bon être, pour le faire fans aucune formalité de Juftice ; & de décharger s'il le juge à propos, la perfonne qu'il nommera de rendre aucun compte. Ce teftament eft dans un goût unique, & n'honore pas moins le teftateur, que celui à qui il donne toute fa confiance, & fes pouvoirs. M. de Villemolin a pleinement juftifié par fon zele & fes tendres foins, ce que M. de Courvol s'en promettoit pour fes enfants ; & ceux-ci faififfent avec empreffement la circonftance de cet Ouvrage qui les concerne, pour tranfmettre à la poftérité les témoignages les plus éclatants de leur fenfible reconnoiffance, & de leur refpect pour la mémoire d'un fi grand homme de bien. Jean-Guy leur pere mourut le même jour ; & fut inhumé le lendemain dans la Chapelle de la Paroiffe d'Antien, appellée la Chapelle de Villemolin, Terre fur la même Paroiffe, appartenant à Meffieurs de Certaines. Edmée Befave fon époufe, étoit morte dès le 25. Mai 1709. âgée d'environ trente-cinq ans, Elle eft inhumée dans le Sanctuaire de la Chapelle S. André, lieu de leur demeure, au Diocefe d'Auxerre, où leurs enfants ci-deffus nommés prirent naiffance.

12. P H I L I B E R T de Courvol, Chevalier, Seigneur de Lugny, près Sancerre, Diocefe de Bourges, de Billeron, de Mimaffon, d'Eftivaux, & du Vrilliers, Terres en toutes Juftices, fituées fur la même Paroiffe, vint au monde le 2. Novembre 1697. & fut baptifé le même jour ; ayant eu pour parrain, Philibert Danguy, Chevalier, Seigneur de Monteuillon, fon oncle ; & pour marraine, Dame Jeanne Briffon, époufe de Meffire Benoît de Neufond, Seigneur de Malnory. Il refta pendant fa minorité avec fes freres & fa fœur, fous la tutelle de Charles de Certaines, fon grand-oncle ; & a fervi le Roi dans le Régiment de la Sarre, Infanterie, pendant trente ans ; d'abord en qualité de Volontaire, puis de Lieutenant en 1719. & enfuite de Capitaine, par Commiffion du 13. Janvier 1729. Il figna au Contrat de mariage de François-Raco, fon frere, du 24. Juillet 1726. Il a été fait Chevalier de l'Ordre Militaire de S. Louis, en

Corſe, le 17. Septembre 1740. par le Marquis (depuis Maréchal) de Maillebois, ſur l'Ordre du Roi, daté du 28. Août précédent ; & eſt Penſionnaire de Sa Majeſté, depuis 1744. Il reçut ordre du Roi, du 23. Mars 1750. y joint une lettre de M. le Comte d'Argenſon, Miniſtre de la guerre, datée de Verſailles, du 4. Avril ſuivant, de recevoir au nom de Sa Majeſté, M. du Meſnil, Capitaine-Aide-Major au Régiment de la Sarre, Chevalier de S. Louis. Il y eſt dénommé, tant dans le Corps des Ordres à lui envoyés, que dans l'adreſſe de *CORVAL*.

12. **Charles** de Courvol, Religieux Benedictin, de la Congrégation de S. Maur, Ordre de S. Benoît, né & baptiſé le 3. Janvier 1699. Son parrain fut, Charles de Certaines, Chevalier, Seigneur de Villemolin, & de Milly, ſon grand oncle ; & ſa marraine, Madame d'Anſtrude, Jeanne Beſave ſa tante. Fit profeſſion dans l'Abbaye de Vendôme, le 2. Avril 1718. *pleno auteur de la presente geneologie.*

12. **François-Raco** de Courvol, Chevalier, Seigneur de Croizy & d'Herry, qui ſuit.

12. **André-François** de Courvol, né le 18. & baptiſé le 19. Décembre 1705. eut pour parrain, André-François d'Anſtrude, Chevalier, Seigneur de Bierry, ſon oncle ; & pour marraine, Dame Marguerite de Perrot, femme de Charles de Certaines, ſon grand oncle. Il mourut le 26. Février 1706.

12. **François-Gabriel** de Courvol, Religieux de l'Ordre de Ciſteaux, né le 19. & baptiſé le 20. Mai 1709. eut pour parrain, Gabriel de Certaines, Chevalier, Seigneur de Villemolin, Capitaine de Dragons, dans Firmarcon, ſon grand oncle ; & Françoiſe de Courvol, femme de Philibert Danguy, Chevalier, Seigneur de Monteuillon, ſa tante. Il fit profeſſion pour l'Abbaye de Bonport, en Normandie, Filiation de Ciſteaux, à Pontigny, le jour de l'Aſcenſion 19. Mai 1726.

12. **Jeanne-Françoiſe** de Courvol, née le 30. Août, & baptiſée le 5. Septembre 1696. Fut tenue ſur les Fonts Baptiſmaux, par Barthelemy-François de Meung de la Ferté, Chevalier, Seigneur de Chalmant, oncle à la mode de Bourgogne, de l'enfant ; & par Jeanne de Certaines, ſon aïeule. Elle mourut en bas âge.

12. **Michelle-Françoiſe-Edme'e** de Courvol, née le 29. Septembre 1700. eut pour parrain, Gabriel-François de Certaines, Capitaine de Dragons, ſon grand oncle ; & pour marraine, Edmée Beſa-

ve , Femme d'Anne-Achille de Fougerenne , Seigneur de Saxy, Elle mourut le 4. Février 1701.

12. ARMANDE-MARGUERITE de Courvol , née le 7. Février 1707. Elle eut pour parrain , Jacques des Jours , Chevalier , Seigneur de Mafille , fon oncle ; & pour marraine , Armande-Marguerite de Certaines , Dame de Courvol-Dam-Bernard , coufine-germaine de Jeanne de Certaines , fon aïeule. Elle fe fit Religieufe en l'Abbaye du Reconfort , Ordre & Filiation de Cifteaux , près Vezelay , en l'année 1724. & y mourut , le 6. Juillet 1744.

XII.

FRANÇOIS-RACO , ou Raco-François de Courvol , Chevalier , Seigneur de Croify & d'Herry , au Diocefe de Bourges , né le 4. Août 1702. & baptifé le même jour ; ayant eu pour parrain , François de Certaines , fon grand oncle ; & pour marraine , Jeanne de Certaines , fon aïeule , refta avec fes freres & fa fœur pendant fa minorité , fous la tuteulle de Charles de Certaines , Chevalier , Seigneur de Villemolin , fon grand oncle ; & fut reçu Chevalier de Juftice dans les Ordres Royaux Militaires , & Hofpitaliers de Notre-Dame du Mont-Carmel ; & de S. Lazare de Jerufalem , le 8. Janvier 1725. L'État de la France le met fous l'année 1724. Il fut nommé à la Commanderie de Souville , en Gatinois , dans les mêmes ordres , le 28. Mai 1734. Il avoit époufé par Contrat paffé à Herry , devant Bourcier , Notaire Royal à la Charité , le 24. Juillet 1726. Jaqueline le *NORMAND* , veuve de Jean-Pierre de Menou , Chevalier , Seigneur du Verger , Capitaine au Régiment de la Sarre , & Chevalier de S. Louis ; & fille de Charles le Normand , Chevalier , Seigneur d'Herry , & de Jaqueline de *BAR*. Ce Contrat fut figné de Philibert de Courvol , Chevalier , Seigneur de Croify , fon frere aîné , & de François de Menou , Chevalier de S. Louis , Meftre de Camp de Cavalerie, & Exempt des Gardes du Corps. M. le Comte du Tremblay (Louis-Alexandre de Reugny ,) lui remit le 26. Octobre 1751. après une recherche d'une année entiere , commencée au mois de Septembre de la précédente année , tous les anciens Titres de la Maifon de Courvol , qu'il avoit pu retrouver parmi ceux de la fienne , où ils avoient paffés en 1526. par le mariage de Jeanne de Courvol , héritiere de la Branche aînée , avec Jacques de Reugny , fes aïeux.

Marginal notes:

État de la France , édition de 1727. Tom. 3. pag. 387. Édition de 1736. Tom. 3. pag 381. Et édition de 1749. Tom. 4. pag. 75.

Le Normand : écartelé d'or & de gueules, à quatre rocs de l'un en l'autre , & en abime un tourteau d'azur , chargé d'une fleur-de-lys d'or.

Bar : facé d'or, d'argent & d'azur de neuf pieces.

CHAPITRE IV.

IX.

FRANÇOIS de COURVOL, Chevalier, Seigneur de Bazole & de Montas, troifieme fils de Philibert de Courvol II. du nom, Ecuyer, Seigneur de Montas ; & de Louife de Bongars, étoit fous la tutelle de fa mere, avec fes freres en 1604. & 1619. Affifta au Contrat de mariage de Jean fon frere, avec Benigne de Chaffy, le 19. Février 1624. Etoit Lieutenant au Régiment de Langeron, le 7. Août 1630. qu'il obtint un congé pour fe retirer chez-lui. Fut fait Capitaine d'une Compagnie de cent hommes dans le même Régiment, par Commiffion du 16. Juin 1632. Epoufa par Contrat, du 26. Juillet fuivant, Anne *CHEVALIER*, fille d'Antoine Chevalier, Ecuyer, Seigneur de Minieres & de Ribourdin, au Diocefe d'Auxerre ; & d'Anne *BOLACRE*. Ce Contrat paffé à Billy, près Clamecy, devant Lancelot & Bigé, Notaires du même lieu : fut figné de Jean de Courvol, Seigneur de Grand-Vaux, fon frere ; de Jean de Courvol, Seigneur de la Boiffiere, fon oncle ; de François de Courvol, Seigneur de Bazole, fils de celui-ci, fon coufin-germain, tous Ecuyers ; d'Antoine Chevalier, Ecuyer, Seigneur de Minieres ; & de Ribourdin, frere de la future époufe ; de Jeanne Chevalier, fa fœur, femme de Jacques de Manny, Ecuyer, Seigneur de Chery & de Coulangeron ; de Guillaume de Grandrie, Ecuyer, Seigneur de Chauvance, &c. Il fut reconnu Noble d'extraction, avec Jean fon frere, par Ordonnance de M. de Caumartin, Intendant en Bourbonnois ; & de M. Brifacier, Commiffaire au régalement des Tailles, du dernier Mars 1635. Eft nommé avec fon même frere dans un état des Gentilshommes, Vaffaux, & Arriers-vaffaux du Duché de Nivernois, convoqués au Ban & Arriere-ban, du 24. Juillet fuivant. Affifta avec lui à l'Affemblée générale de la Nobleffe du Nivernois, fuivant le Procès-verbal de cette Affemblée, du 16. Octobre de la même année. Obtint un Certificat de Service de M. de Langeron, fon Colonel, du 30. Août 1640. Marie de Montfaulnin fa belle-fœur lui fit donation, ainfi qu'à Jean fon frere, le 14. Avril 1641. de tous fes biens immeubles ; donation, qu'elle ratifia le 10. Novembre 1648. Il affifta au Contrat de mariage d'Alexandre fon neveu, avec Marguerite de Grandrie, du 29. Juin 1655. comme fondé de procuration de Jean fon frere, & pere dudit Alexandre, en date du 24. Mai précédent. Maria fa fille Catherine, avec Dominique de Coqueborne, Chevalier, Seigneur de la Ripe, en 1662.

Affifta au Contrat de mariage de François fon neveu, avec Marguerite de Pagany, le 4. Avril de la même année. Fit faire l'inventaire des biens de fa femme, en la Juftice de S. Saulges, le 2. Octobre fuivant. Tefta devant Cornu,

Chevalier : écartelé au premier & quatrieme d'azur, à une tour d'argent, maffonée & crenelée de fable, au 2. & 3. de gueules, à une mouhceture d'hermine d'argent.

Bolacre : de finople au Lion d'argent, armé, lampaffé & couronné de gueules.

Notaire à S. Maurice-les-S. Saulges , le 3. Janvier 1664. Rendit hommage au
Roi , devant le Lieutenant Général de S. Pierre le Mouftiers , pour un Moulin , fitué fur la riviere d'Arron , le 11. Octobre 1665.. Il mourut avant l'an
1667. & fut inhumé avec fon époufe , dans l'Eglife de S. Maurice , comme il
l'avoit ordonné par fon Teftament , du 3. Janvier 1664. reçu Cornu , Notaire
à S. Maurice. Ils eurent plufieurs enfants , & entre autres ceux qui fuivent.

10. C H A R L E S de Courvol , Ecuyer , né le 18. Novembre 1634. figna au Contrat de mariage de Leonard fon frere , avec Claude de Quantin , du premier Février 1666. Fut maintenu avec fes freres & fes coufins dans fa Nobleffe , par Jugement de M. Lambert d'Herbigny , du 27.
Mars 1667. & mourut fans poftérité.

10. L E O N A R D de Courvol , Ecuyer , qui fuit.

10. L A Z A R E de Couruol , Ecuyer , né le 8. Février 1643. figna au
Contrat de mariage de fon frere Leonard , en 1666. & fut maintenu
avec fes freres & coufins dans fa Nobleffe , par Jugement de M. Lambert
d'Herbigny , du 27. Mars 1667. & mourut fans avoir été marié.

10. C A T H E R I N E de Courvol , que nous n'avions connue que par fa
fignature au Contrat de mariage de Georges de *V A T A I R E* , Ecuyer ,
Seigneur de Guerchy , avec Marie-Henriette d'Affigny , paffé devant le
Notaire de Magny , le 10. Octobre 1686. & que nous avions eftimée,
fille de Leonard de Courvol qui fuit, en fut fœur ; & fut mariée par Contrat paffé devant Leonard Doreau , Notaire au Duché de Nivernois , en
1662. avec Dominique de *C O Q U E B O R N E* , Chevalier , Seigneur
de la Ripe , fils de Dominique de Coqueborne , Chevalier , Seigneur de
Magny en partie ; & de défunte Charlotte de Martigny. Le Contrat figné
des deux contractants , & de leurs peres refpectifs , de l'autorité defquels
ils procedent : figné également d'Alexandre de Courvol , Chevalier , Seigneur des Aubus & de Lucery ; de François de Courvol , Chevalier ,
Seigneur de Savigny , & de la Boiffiere , coufins-germains de Catherine ;
d'Antoine Chevalier , Chevalier , Seigneur de Minieres , fon oncle maternel ; de Claude de Vataire , Ecuyer , Seigneur de Boiftaché , & de Guerchy ; de Louis de Vataire , Ecuyer , auffi Seigneur de Boiftaché. N...
de la Buffiere , & N... de Sauvage , Ecuyers.

La Maifon de Coqueborne eft une des plus anciennes , & des plus
diftinguées du Royaume d'Ecoffe , alliée au Maifons celebres de Stuart,
Hamilton , Sinclair , Balfour , & autres de ce rang ; comme il paroît
par un Mémoire tiré en Ecoffe , fur un livre , où fe voient les Armes
de cette Maifon , & celles de fes Alliances , & daté du 3. Février 1604.

qui

Titres de Mef-
fieurs de Vataire,
en Bourgogne.

Coqueborne :
d'argent à trois
coqs de gueules ,
deux & un.

qui nous a été communiqué. Ce qui eft juftifié par Robert Guaguin, qui déclare cette Maifon originaire d'Ecoffe ; & que le Roi Charles VIII. faifant fon entrée à Florence en 1478. y fut accompagné de tous les grands Seigneurs de fon Royaume ; & qu'après eux, entrerent les Capitaines : favoir, Claude de la Chaftre ; & le Seigneur de Coqueborne, Lieutenant. Le récit de l'entrée du Roi Louis XII. dans Gênes, au mois d'Août 1502. remarque que Meffire Georges de Coqueborne, Capitaine de cent Ecoffois, fuivoit les Capitaines des Gardes du Roi. Cette Maifon a poffédé quelque temps la Vicomté de Fuffy, en Berry. Ce qui donne occafion à la Thaumafiere d'en parler, *pag.* 1401.

X.

L EONARD de COURVOL Ecuyer, né le 11. Juillet 1639. figna au Contrat de mariage d'Alexandre, fon coufin, avec Marguerite de Grandrie, le 29. Juin 1655. Eft nommé avec fes freres, dans l'inventaire des biens de leur mere, Anne Chevalier, du 2. Octobre 1662. Epoufa par Contrat paffé devant Bigé, Notaire à Billy, le premier Février 1666. Claude de *QUANTIN*, fille de François de Quantin, Ecuyer, Seigneur de Chicham ; & de Marie *BOLACRE*. Ce Contrat figné de Charles, & Lazare, fes freres ; d'Antoine Chevalier, Ecuyer, Seigneur de Minieres, fon oncle ; de Lazare de Courvol, Ecuyer, Seigneur de Grand-Vaux, fon coufin-germain ; de Lazare d'Affigny, Seigneur du Chefnoy, Paroiffe de Levis, Diocefe d'Auxerre, fon coufin maternel ; de François de Quantin, pere de ladite Claude ; de Dame Edmée Bolacre, fa tante ; de Jean de Baze, Ecuyer, fon oncle ; de Guillaume Andras, Ecuyer, Seigneur de Ferry, & autres. Il fut maintenu dans fa Nobleffe avec fes freres ; & avec François, Alexandre, Gilbert, & Lazare de Courvol, fes coufins-germains, par Jugement de M. Lambert d'Herbigny, Intendant de Moulins, & de Bourges, du 27. Mars 1667. Affifta au mariage de Jacques fon fils en 1707. Mourut le 27. Décembre 1718. & fut inhumé dans l'Eglife Paroiffiale de Billy, proche Clamecy. Ayant eu de fon mariage les deux fils, & la fille ci-deffous nommés.

Quantin : d'azur à deux épées d'or, pofées en fautoir, les pointes en haut.

Bolacre : de finople au Lion d'argent, armé, lampaffé & couronné de gueules.

11. JACQUES de Courvol, Ecuyer, qui fuit.

11. GILBERT de Courvol, Ecuyer, Seigneur de Champeaux, dont la poftérité eft rapportée après celle de fon frere aîné.

11. MARIE de Courvol figna au Contrat de mariage de Jacques, fon frere, le 14. Juillet 1707.

XI.

J ACQUES de COURVOL, Ecuyer, né à Premery, au Diocefe de Nevers, le 9. Juin 1669. entra fort jeune au Service du Roi, en qualité de Cadet ; fut fait Lieutenant au Régiment de Normandie, en 1701. Il fut

I

marié deux fois. 1°. Par Contrat paffé à Billy, devant Edme Paillard, Notaire à Entrain, le 14. Juillet 1707. avec Elizabeth-Therefe *B I G É*, fille
de Claude Bigé, avocat en Parlement ; & de Perrette Reynard, en la préfence
de fon pere ; de Marie de Courvol, fa fœur ; de Jean-Guy de Courvol,
Ecuyer, Seigneur de Croizy, fon coufin ; & d'Edme de Gentil, Ecuyer, Seigneur de Sambrêve, Paroiffe d'Oizy, Diocefe d'Auxerre. Elle mourut le 13.
Mars 1717. & fut inhumée à Billy. 2°. Par Contrat paffé à la Motte, Paroiffe
de Billy, devant Simon, Notaire à Billy, le 3. Février 1723. Marie de
C O M P A I N G, fille d'Edme de Compaing, Ecuyer, Seigneur des Prez,
en Berry ; & de Nicole Faulquier, & fœur d'Helene de Compaing, femme
de Gilbert de Courvol, fon frere. A ce Contrat fignerent, Dominique de Coqueborne, Ecuyer, Seigneur de la Ripe, Paroiffe de Mailly-le-Château, Diocefe d'Auxerre, fon coufin-germain ; Anne, & Françoife de Compaing, fœurs
de ladite Marie ; & Jean-Jacques Faulquier, Ecuyer, Seigneur de S. Georges,
Paroiffe de Courvol-l'Orgueilleux, Gendarme de la Garde du Roi. Il fut nommé curateur des enfants de Jean-Guy de Courvol, fon coufin iffu de germain,
par Charles de Certaines, Chevalier, Seigneur de Villemolin, leur grand oncle,
& tuteur. Il mourut le 29. Juin 1746. & fut inhumé à Billy.

De fon premier Mariage, avec Elizabeth-Therefe Bigé, vinrent

12. J A C Q U E S de Courvol, Ecuyer, naquit à Billy, le 24. Août 1709.
Il fut fait Lieutenant au Régiment de Nice, le premier Janvier 1734.
Reçut un coup de feu au poignet droit, au Siege de Philisbourg, étant
à la tête des Travailleurs, la nuit du 23. au 24. Juin fuivant. Fut fait
Capitaine au même Régiment, par Commiffion du 2. Mars 1742. Se
trouva à la Bataille de Lawfeld, le 2. Juillet 1747. & y fut bleffé d'un
coup de feu, qui lui traverfa l'épaule droite. Il fut nommé Chevalier de
l'Ordre Militaire de S. Louis, le 3. Août fuivant : & reçu par M. le
Marquis de la Queuille, fon Colonel, le 18. du même mois. Il avoit
époufé par Contrat du 15. Janvier 1746. Marie-Anne de *M O N C O R P S*,
fille de Charles-Lazare de Moncorps, Ecuyer, Seigneur de Levis, & du
Chefnoy ; & de Renée d'*A S S I G N Y*. Ce Contrat paffé au Château du
Chefnoy, devant Sonnet, Notaire, réfidant à Châtenay-le-bas ; & figné de
Louis-Charles d'Affigny, Chevalier, Seigneur de Lain ; & d'Hyacinthe-
Elizabeth de Courvol, fa femme, fon beau-frere, & fa fœur ; de Jean-
Baptifte de Courvol, Ecuyer, Seigneur de Champeaux, Paroiffe de
Courvol-Dam-Bernard, fon coufin-germain ; & auffi des pere & mere de
la future époufe ; d'Anne-Antoinette, Hyacinthe, Marguerite, & Jeanne-
Louife de Moncorps, fes fœurs ; de Dieu-donné de Moncorps, Ecuyer,
Seigneur de Chery, & de Coulangeron, qui eft la Paroiffe de Chery,
Diocefe d'Auxerre ; & de Louife-Antoinette d'Affigny, fon époufe, fes

coufin , & coufine-germaine. Jacques de Courvol , mourut le 16. Juin 1752. & fut inhumé dans l'Eglife Paroiffiale de Billy.

12. JEAN-CLAUDE de Courvol , Ecuyer , dont ci-après.

12. HIACINTHE-ELIZABETH de Courvol , née à Billy , le 22. Mars 1711. fut mariée par Contrat paffé au même lieu , devant Toulet, Notaire à Entrain, le 12. Juin 1732. à Louis-Charles d'*ASSIGNY*, Chevalier , Seigneur de la Paroiffe de Lain , Diocefe d'Auxerre , fils de Louis d'Affigny , Chevalier, Seigneur dudit Lain ; & de Gabrielle Lu-chon. Ce Contrat figné de Louife d'Affigny , époufe de Jacques de la Coudre , & fœur de Louis-Charles fufdit ; de Leon-François d'Affigny , Chevalier , Seigneur d'Oüaine , Diocefe d'Auxerre ; & de Louife-Antoinette d'Affigny , fon époufe , fes oncle , & tante ; de Françoife d'Affigny, auffi fa tante ; de Leonard-François Comte de Prie , Chevalier , Seigneur de Tais-Milon, Paroiffe de Semantron ; & de Marie-Genevieve de Tilleville, fon époufe , fes amis ; de Jacques de Courvol , pere d'Hyacinthe-Elizabeth ; de Marie de Compaing , fa belle-mere ; de Jacques, & Jean-Claude de Courvol , fes freres , Ecuyers ; de Gilbert de Courvol , Ecuyer , Seigneur de Champeaux , fon oncle. Le mariage fut célébré , le premier Juillet fuivant. Louis-Charles d'Affigny , mourut le 8. Mai 1751. & fut inhumé le lendemain , dans le Chœur de l'Eglife Paröiffiale de Lain , au tombeau de fes peres.

D'Affigny : d'hermine à un chef de gueules , chargé d'une vivre d'or.

Du fecond mariage de Jacques de Courvol , & de Marie de Compaing , eft fortie

12. MARIE-EDME'E de Courvol , née à Billy , le 25. Mai 1724.

XII.

JEAN-CLAUDE de COURVOL , Ecuyer , né à Billy , le 28. Septembre 1713. fut fait Lieutenant dans le Régiment de Nice , le premier Janvier 1734. Reçut un coup de feu au poignet droit , à l'attaque des lignes de Wiffembourg , le 5. Juillet 1744. Eut Commiffion de Capitaine au même Régiment , le 11. Juin 1745. Se trouva à la Bataille de Lawfeld , le 2. Juillet 1747. Fut nommé à lOrdre de S. Louis , le 3. Août fuivant , & reçu le 5. par le Roi , à la Commenderie du Vieux Jonc. Il époufa le 15. Février 1751. Marie-Anne-Conftante de *MULLOT* , fille de Jean-Jacques de Mullot , Chevalier , Seigneur du Fey , Paroiffe de Billy ; & de Dame Anne-Angelique du Gas. Le Contrat fut paffé à Billy le jour précédent , devant Bigé , Notaire à Courvol-l'Orgueilleux , & figné de leurs parents : favoir , de la part de Jean-Claude ; Jacques de Courvol , Ecuyer , Capitaine au Régiment de Nice , fon frere ; Marie-Anne de Moncorps , fa belle-fœur , femme dudit

Mullot : d'azur à la bande d'argent , chargée de trois coquilles de gueules , acoftée de deux étoiles d'argent.

Jacques ; Marie de Compaing , fa belle-mere ; Hyacinthe-Elizabeth de Courvol, femme de Louis-Charles d'Affigny ; & Marie-Edmée de Courvol , fes fœurs ; dudit Louis-Charles d'Affigny , Chevalier, Seigneur de Lain , fon beau-frere ; de Jean-Baptifte de Courvol , Ecuyer , Seigneur de Champeaux , fon coufin-germain ; de Claude-Edme-Charles Chevalier , Chevalier , Seigneur de Minieres , Capitaine au Régiment de Nice , fon coufin ; d'Edme de Longueville , Chevalier , Seigneur en partie de Champmorot , Capitaine au même Régiment. De la part de Marie-Anne-Conftante , future époufe, il fut figné de fes pere & mere, & de Meffire Guillaume de Mullot, ancien Curé de Château-Neuf , fon oncle. De ce mariage eft venu le fils qui fuit.

13. JACQUES-LAZARE de Courvol , né le 17. Décembre 1751. & baptifé le 18. eut pour parrain , Jacques de Courvol , Ecuyer, Capitaine au Régiment de Nice , fon oncle ; & pour marraine , Anne-Angelique du Gas , fon aïeule maternelle.

CHAPITRE V.

XI.

GILBERT de COURVOL , Ecuyer ; Seigneur de Champeaux, fecond fils de Leonard de Courvol , Ecuyer ; & de Claude de Quantin , naquit à Premery , au Diocefe de Nevers , en 1676. entra fort jeune au Service; & fervit en qualité de Lieutenant au Régiment de Hainaut , jufqu'à la fin de l'année 1711. Il époufa par Contrat paffé à Billy , devant Simon Notaire , le 14. Avril 1714. Helene de *COMPAING*, fille d'Edme de Compaing , Ecuyer, Seigneur des Prés , en Berry ; & de Nicole Faulquier , & fœur de Marie de Compaing, époufe de fon frere aîné, Jacques de Courvol. Il figna au Contrat de mariage de Hyacinthe-Elizabeth de Courvol , fa niece, avec Louis-Charles d'Affigny, du 12. Juin 1732. Il mourut au Chaillou , Paroiffe de Premery , le 14. Mars 1741. & a été inhumé dans l'Eglife Paroiffiale de Premery. Sa veuve mourut, le 3. Novembre 1751. & fut inhumée , le 4. dans l'Eglife Paroiffiale de Billy. De leur mariage font iffus , le fils & la fille qui fuivent.

Compaing: d'azur à un maffacre de Cerf d'or , & un chef coufu de gueules , chargé de trois molettes d'argent.

12. JEAN-BAPTISTE de Courvol , Ecuyer, Seigneur de Champeaux, né à Billy , le premier Juin 1717. lequel figna au Contrat de mariage de Jacques , & de Jean-Claude de Courvol , fes coufins-germains , des 15. Janvier 1746. & 14. Février 1751.

12. MARIE-FRANÇOISE de Courvol , née à Billy , le 5. Novembre 1719. Religieufe Hofpitaliere à Nevers , depuis l'année 1742.

GÉNÉALOGIE
DE LA MAISON
DE REUGNY,
EN NIVERNOIS.

Cette Maiſon a pris ſon Nom de la Terre de Reugny, près S. Saulge, Élection de Nevers ; & porte pour Armes, pallé d'argent, & d'aʒur de ſix pieces, à un croiſſant de gueules ſur le tout.

1. JEAN de REUGNY, Seigneur dudit Reugny, vivoit en 1330. Il eut les enfants qui ſuivent.

2. GUIOT, Seigneur de Reugny, mourut ſans enfants ; & étoit mort devant l'an 1403.

2. JEAN de Reugny, Ecuyer, Seigneur dudit Reugny ; mourut l'an 1398. & eut deux filles,

3. ISABEAU de Reugny, Dame dudit Reugny en partie, femme de Hugues des *CHOUX*, Ecuyer, qui vivoit en 1397.

3. JEANNETTE de Reugny, Dame en partie dudit lieu, épouſa Jean *RAULIN*, Ecuyer ; du conſentement de qui elle vendit à Guillaume de Reugny, ſon oncle, la portion qui lui étoit échue dans ladite Terre de Reugny, provenant de la ſucceſſion de Guyot de Reugny, auſſi ſon oncle. Cette vente eſt du vendredi après la S. Jacques & S. Philippe, 4. Mai 1403.

2. GUILLAUME de Reugny, Ecuyer, Seigneur de Reugny, près S. Saulge, en Nivernois, épouſa par Contrat paſſé devant Jean Guyart, Notaire à S. Saulge, le mardi Beneis 1379. qui fut le 5. Avril, Marguerite de *CHASEAUX*, fille de feu Jean de Chaſeaux, Ecuyer ; & d'Alpis de S. Granien, Dame de Lancroy ; préſents Jean de Chaſeaux, Ecuyer, frere de la future ; & Jean de Seigueres, ſon frere uterin. Guillaume vivoit en 1392. 1402. & 1409. De ce mariage ſortirent.

3. **Huguenin** de Reugny, Ecuyer, Seigneur dudit lieu, époufa par Contrat paffé devant Erart Notaire, le 15. Mai 1421. Agnès fille de feu Jean de *LANCROY*, Ecuyer; & d'Agnès de la Tournelle. Il n'en vint point d'enfants.

3. **Jean** de Reugny, Ecuyer, Seigneur de Riegot, ci-après.

3. **Marc** de Reugny, Ecuyer, Seigneur dudit lieu, d'Arcy, de Foretton, Bouveffon, & Vendeneffe en partie, partagea avec fes neveux; enfants de Jean de Reugny, le 17. Juillet 1470. & avoit époufé Ifabeau de *CHAMPROBERT*, d'où vinrent, Jean de Reugny, Prêtre, Philippe, François, & Vincent, dont on ne trouve point de poftérité; & une fille qui fuit.

4. **Claude** de Reugny, femme de Guillaume de *PARTENAY*, Ecuyer, vivoit en 1470.

3. **Jean** de Reugny, Ecuyer, Seigneur de Riegot, Flory-la-Tour, Saifi, Cercy-les-Defife, & de Promeffon, époufa Jeannette de *CHAMPRO-BERT*, fœur d'Ifabeau, femme de Marc, fon frere, qui étoient filles de Jean de Champrobert, Ecuyer, Seigneur de Bouvefon; & de Marguerite la Blanche. Il vivoit en 1440. & en eut les enfants qui fuivent.

4. **Jean** de Reugny, Ecuyer, Seigneur de Riegot, partagea avec fon oncle Marc, en 1470. & mourut fans enfants.

4. **Nicolas** de Reugny, nommé dans le même partage de 1470.

4. **Guillaume** de Reugny, Ecuyer, Seigneur de Promeffon, ci-après.

4. **Jeanne** de Reugny, époufa Henry *D'ORGIERES*, Ecuyer. Ils vivoient en 1460.

4. **Guillaume** de Reugny, Ecuyer, Seigneur de Reugny, Promeffon, Riegot, &c. partagea avec fon oncle Marc, en 1470. & vendit le dernier Août 1475. à Philibert de Baumont, Seigneur d'Efpeuilles, *foixante fols de Rente*, affignée fur la Terre de Promeffon, Paroiffe de Rouy. On croit qu'il époufa Catherine de *TRAVE*, dont il eut.

5. **Philippe** de Reugny, Seigneur dudit lieu, ci-après.

5. **Catherine** de Reugny étoit mariée dès l'an 1481. à Guiot de *COSSON*, Ecuyer.

5. **Philippe** de Reugny, Ecuyer, Seigneur de Reugny, Riegot, &c. époufa par Contrat, du 11. Janvier 1489. devant Baullard, Prêtre, No-

taire , Catherine de *MARREY* , fille de feu Huguenin de Marrey , Ecuyer ; & de Marguerite Drouaut. Leurs enfants furent

6. V I N C E N T de Reugny , Ecuyer , Seigneur dudit Reugny , de la Miraud , & de Lancray (ou Lancreft) époufa par Contrat , du 24. Janvier 1520. Agnès de la *BROSSE* , fille de feu Antoine de la Broffe , Ecuyer , Seigneur dudit lieu , au Diocefe d'Autun. Il n'y eut point d'enfant de ce mariage.

6. J A C Q U E S de Reugny , Ecuyer , Seigneur de Riegot , & de Lancray , duquel ci-après.

6. I S A B E A U de Reugny , époufa Pierre de *LARTIGUE* , Ecuyer. Maifon très-ancienne , qui remonte jufqu'à l'an 1236. felon la Généalogie inférée dans le Supplément de Morery , de 1749.

6. J E A N N E de Reugny , fut femme de Hoftelin *D'ONAY* , Ecuyer, Seigneur de Touteuille ; & tranfigea en qualité de fa veuve , & de tutrice de fes enfants , le 20. Juin 1554. devant Garilland , Clerc Notaire ; avec Jeanne de Courvol , fa belle-fœur.

6. J A C Q U E S de Reugny , Ecuyer , Seigneur de Riegot , & de Lancray , &c. frere puîné de Vincent , Seigneur de Reugny , de la Miraud , & de Lancray , époufa par Contrat paffé devant Dubois , Notaire , le 8. Octobre 1526. Jeanne de *COURVOL* , fille d'Antoine de Courvol , Ecuyer , Seigneur du Tremblay , d'Iffenay , &c. & de Philiberte de la Perriere ; & qui devint héritiere de fa Branche , par la mort de Louis de Courvol , fon frere , arrivée peu de temps après fon mariage , avec Philippe de S. Pere , dont il n'eut point de poftérité. Jacques , & Jeanne en eurent une nombreufe qui fuit.

7. E D M E de Reugny , Ecuyer , Seigneur de Faveray , & de Villiers , époufa Louife de *BONGARS* d'Arfilly. Ils vivoient en 1554. de laquelle il eut deux fils , Edme de Reugny , Seigneur de Faveray ; & Jean de Reugny , Seigneur de Villiers , morts l'un & l'autre fans alliance ; & trois filles , Jeanne , Magdelaine , & Marie de Reugny , à qui on ne connoit point auffi d'alliances.

7. C H A R L E S de Reugny , Seigneur du Tremblay , va fuivre.

7. J A C Q U E S de Reugny , Ecuyer , Seigneur de Riegot , & de Lancray , en Lionnois , eut deux fils , & trois filles. Gabriel de Reugny , mort fans alliance ; & Edme de Reugny , Chevalier , Seigneur de Lancray , qui époufa une fille de la Maifon de la *BASTIE* , en Pays de Dombes , d'où fortit An-

toine de Reugny, Chevalier , Seigneur de Lancray , & de Chaffigny ; qui époufa Marguerite de la *RIVIERE* , fille du Vicomte de ce nom, & en eut deux filles. Il eut un frere Pierre de Reugny , Ecuyer , mort fans alliance. Les trois filles de Jacques furent mariées , l'une à Antoine de *MONTCHAUVAU* , Ecuyer , Seigneur de Dame ; Gabrielle à François de *MAULMIGNY* , Ecuyer, Seigneur de Riviere , & de S. Michel ; & Françoife à Robert de *MALHIEU* , Ecuyer , Seigneur de Varenne , & de la Vallée de Chevigny. Cette Branche s'eft éteinte vers le milieu du XVII. fiecle.

7. CLAUDE de Reugny , Ecuyer , Seigneur de Tais, & du Pleffis , ne laiffa que deux filles, dont l'une époufa Charles de *RUDO.* , Ecuyer, Seigneur de Fontenay , & du Pleffis ; & l'autre , Pierre de *GERBAULT* , Ecuyer , Seigneur du Pont.

7. JEAN de Reugny , Prieur du Pré-les-Donzy , en 1564. y mourut le 5. Juillet 1591. & fut inhumé en l'Eglife Paroiffiale du Pré-les-Donzy, où fe voit fon Epitaphe.

7. ANTOINETTE de Reugny , époufa par Contrat paffé au Château du Tremblay , le 17. Mars 1546. devant Norry , Notaire , Louis de *MARIE* , Ecuyer, Seigneur de Pouvies (ou Poiriers ; la Thaumafiere met des Prairies ,) en la Paroiffe de S. Germain-les-gy , près Montargis.

7. MARGUERITE de Reugny , époufa Jean de *GUERRY*, Ecuyer, Seigneur de Plotot.

7. CLAUDINE de Reugny, femme d'Antoine de *MAULMIGNY*, Seigneur de Riviere. On lui donne une autre mari , nommé Jean de *POMARD* , Ecuyer , Seigneur de Gevrady.

7. CHARLES de Reugny , Ecuyer, Seigneur du Tremblay , Iffenay , Baudoin , Tais , Montaron , époufa par Contrat paffé devant Enfert Notaire, le 13. Septembre 1568. Catherine de *LORON* , fille de Pierre de Loron , Ecuyer , Seigneur de Chantereau ; & de Louife de Bongars. Il fut reconnu Noble d'extraction , fur le vu de fes Titres , par Jugement des Commiffaires députés par le Roi , pour le régalement des Tailles , en la Généralité de Moulins , du 15. Mars 1599. De fon mariage , vinrent,

8. LEONARD de Reugny, Ecuyer, Seigneur de Riegot , & du Pleffis , Capitaine de vingt Arquebufiers pour le Roi. Fut tué au Siege de Monteleau , le premier d'Août 1589. à l'âge de 22. ans. C'eft ce que nous apprenons de fon Epitaphe , qui fe voit dans la grande Eglife Paroiffiale du Pré-les-Donzy , où il repofe auprès de Dom Jean de Reugny , fon

oncle

fon oncle qui en étoit Prieur. Il n'a point été connu de la Thaumafiere : mais il ne peut appartenir qu'à cette filiation , & doit en être l'aîné , felon les dates de fon âge , & de fa mort.

8. J E A N de Reugny, Chevalier , Seigneur du Tremblay , qui a continué la ligne.

8. F R A N Ç O I S de Reugny , Seigneur de Faveray , lequel à fait branche, rapportée après celle de fon frere aîné.

8. C H A R L E S de Reugny , Religieux de la Charité , & Prieur du Pré-les-Donzy.

8. C L A U D E de Reugny , Prieur de Mazilly , & du Pré-les-Donzy.

8. L O U I S E de Reugny , mariée l'an 1596. avec Gilbert de *C H A V I-G N Y* (ou Chevigny) Ecuyer , Seigneur de Champrobert.

8. M A G D E L A I N E de Reugny , Religieufe de Sainte Claire à Defife.

8. J E A N de Reugny , Chevalier , Seigneur du Tremblay , Iffenay , Thais, Montaron , Bauldoin , &c. fort employé au Service du Roi : ayant eu plufieurs fois des Compagnies de Cavalerie. Fut marié par Contrat, du 7. Novembre 1594. devant Barlezy , Notaire Royal , avec Charlotte de *R E G N I E R* de Guerchy , fille de Claude , Seigneur, Baron de Guerchy , Chevalier de l'Ordre du Roi , Gentilhomme ordinaire de fa Chambre ; & d'Anne de Giverlay , Dame d'Aulnay , le Baffort, Champoulet, Pouffery , la Forêt des Chaumes , &c. Cette Charlotte de Regnier de Guerchy , étoit grande tante de Meffire Louis de Regnier, Marquis de Guerchy , Lieutenant Général des Armées du Roi , Gouverneur des Ville & Château de Huningue. Reçu Chevalier des Ordres du Roi, le 17. Mai 1739. & mort au mois de Février 1748. dont le fils , M. le Marquis de Guerchy eft Lieutenant Général des Armées du Roi.

9. G E O R G E S de Reugny, Chevalier, Seigneur , Comte du Tremblay, mentionné cy-après.

9. C A T H E R I N E de Reugny , femme de François *P O P I L L O N,* Chevalier, Baron du Reau , le 3. Juin 1622.

9. G A B R I E L L E de Reugny , mariée avec François *D' E S T U D,* Ecuyer, Seigneur de Tracy , & de Paray.

9. A N N E de Reugny , Religieufe Bénédictine à la Ferté , près Nevers.

9. G E O R G E S de Reugny , Chevalier , Comte du Tremblay , Seigneur

K

d'Iffenay, Pouligny, Montaron, Remilly, Savigny, Cauly, S. Gratien, Vendeneffe en partie, Pouffery, & du Perron, Meftre de Camp du Régiment d'Infanterie, qu'il leva pour le Service du Roi l'an 1645. Ayant été fait Capitaine d'une Compagnie de Chevaux Legers, dès l'an 1628. Il fut marié deux fois, la première par Contrat paffé devant Coquille, Notaire à Nevers, le 26. Juin 1635. avec Claude-Anne de *C H O I-S E U L*, fille de Claude-Alexandre de Choifeül, Chevalier, Baron d'Efguilly ; & de Marie Briffon. Elle fit fon teftament devant Charlieu, Notaire, le 4. Août 1640. Et la feconde par Contrat reçu par Guinet, Notaire Royal à Nevers, le 4. de Novembre 1644. avec Juliette de *S A U-L I E U*, fille de Jean de Saulieu, Seigneur de Rameron, de Niau, & du Pavillon de Trangy ; & de Catherine Tenon, de la Maifon des Seigneurs de Nanvigne, & des Barons de la Guerche. Il produifit fes Titres feulement, depuis l'an 1526. (que Jacques de Reugny époufa Jeanne de Courvol,) lors de la recherche générale de la Nobleffe du Royaume; & eut aête de leur répréfentation en qualité de Gentilhomme, par Jugement de M. Lambert d'Herbigny, Intendant des Généralités de Moulins, & de Bourges, du 24. Décembre 1667. Il commanda l'Efcadron de la Nobleffe du Nivernois, dans la guerre de 1672. fuivant un Certificat de M. de Turenne, de l'an 1674. Son éloge, & fes ferviçes, ainfi que ceux de fes ancêtres, font mentionnés dans le Mercure, de l'année 1687. Il mourut en 1686. ayant eu des enfants de fes deux mariages. Ceux du premier lit, furent

Mercure Galant, du mois de Janvier 1687. pag. 225.

10. J A C Q U E S de Reugny, Vicomte du Tremblay, âgé de vingt-quatre ans, en 1667. & fervant alors en qualité de Lieutenant, dans la Compagnie des Chevaux Legers, du Marquis de S. Vians. Il mourut fans enfants de N. de *B R E T A G N E* de Nanfouty, en Bourgogne, fon époufe.

10. L O U I S de Reugny, Chevalier, Comte du Tremblay, ci-après.

10. C A T H E R I N E de Reugny, Religieufe Urfuline à Nevers.

Enfants de Georges de Reugny, & de Juliette de Saulieu, fa feconde femme.

10. J A C Q U E S de Reugny, Seigneur de S. Gratien, & de Savigny, dont on ne connoit point de poftérité.

10. É T I E N N E T T E de Reugny, femme, 1°. d'Hector des *C R O S*, Seigneur d'Eftrées, en Bourbonnois ; & 2°. de François de . . . Seigneur de la Roche, en Auvergne.

10. F R A N Ç O I S E-L O U I S E de Reugny, époufe d'Edme de *S. HI-LAIRE* de Bourbonnois.

10. L O U I S de Reugny, Chevalier, Comte du Tremblay, âgé de 20. ans, en 1667. époufa par Contrat paffé devant des Brueres, Notaire à Ville-Neuve, le 19. Septembre 1688. Magdelaine *GARNIER*, fille de Meffire Jean Garnier, Préfident, Tréforier Général de France, en la Généralité de Moulins; & de Dame Jeanne Hardy. Il en a eu les trois fils qui fuivent.

11. L O U I S de Reugny du Tremblay, né le 29. Juin 1696. & ondoyé le même jour. Reçut les cérémonies du Baptême à Verfailles, le 17. Avril 1702. des mains de Henry-Charles Arnauld de Pomponne, Aumônier du Roi, en préfence du Curé de la Paroiffe de cette Ville, & eut pour Parrain, Monfeigneur le Dauphin; & pour Marraine, Madame la Ducheffe de Bourgogne. Il eft mort fans alliance.

11. L O U I S de Reugny, Comte du Tremblay, qui fuit.

11. E D O U A R D de Reugny, rapporté après fon frere.

11. L O U I S de Reugny, Chevalier, Comte du Tremblay, &c. né le 2. Mars 1701. ondoyé le 5. fuivant. Reçut les cérémonies du Baptême en 1707. dans l'Eglife Paroiffiale de Nocle, au Diocefe d'Autun. Son parrain fut Louis de Megrigny, Comte de Ville-Bertin, gendre du Maréchal de Vauban; & fa marraine, Madame la Marquife de Monbrun. C'eft lui qui a remis à Meffieurs de Courvol tous les Titres concernants leur Maifon, qui fe font trouvés dans la fienne, après en avoir fait par lui-même une recherche exacte, à laquelle il s'eft appliqué pendant un an entier, pour les engager à donner une nouvelle Édition de leur Généalogie plus détaillée par ces fecours; & ce n'eft qu'à fon obligeante follicitation, & que fur une fi généreufe remife qu'on s'y eft déterminé. Il a époufé Marie-Étiennette *HUGON* de Pouzy, fille de feu Meffire Pierre Hugon, Chevalier, Seigneur de Pouzy, & Fourchaud; & de Dame Gabrielle Baugy de Rochefort, par Contrat reçu de Guipon, Notaire à Moulins, le 7. de Janvier 1732. De ce mariage font iffus plufieurs enfants morts en bas âge, & les deux filles ci-deffous: favoir,

12. A N N E-É L I S A B E T H de Reugny, née le 20. Janvier 1738.

12. J E A N N E-L O U I S E de Reugny, née le 28. Août 1741.

11. É D O U A R D de Reugny, Chevalier, frere puîné de Louis Comte du Tremblay qui précéde, eft né du 4. Juillet 1703. Il a époufé Gabrielle

MILLOT, fille de feu Guillaume Millot, Chevalier, Tréforier de France au Bureau des Finances de Moulins.; & de Dame Magdelaine Gafcoing. Leur Contrat de mariage a été paffé devant Garilland, Notaire, le 3. Novembre 1749. Ils ont d'enfants

12. ÉDOUARD de Reugny, né le 25. Octobre 1750.

12. GABRIELLE de Reugny, née le 7. Novembre 1751.

Seigneurs de Faveray, de Vilatte, & de la Magdelaine.

8. FRANÇOIS de Reugny, Ecuyer, Seigneur de Faveray, de Villiers, de Chantereau, & de Brodon, fecond fils de Charles de Reugny, Seigneur du Tremblay; & de Catherine de Loron, partagea avec Jean fon frere aîné, Chevalier, Seigneur du Tremblay, le 20. Août 1602. Il époufa en premiere nôce, Claude de la *RIVIERE*, de la Branche de Champlemy, & Dame d'honneur de la Reine Marguerite, dont il n'eut point d'enfants. Et en feconde, Marie de *LOUSEAU*, fille de Jean de Loufeau, Ecuyer, Seigneur de Vilatte; & de Gabrielle le Fort. De ce mariage vinrent un fils, & une fille, ci-deffous nommés.

Il eft remarqué que ladite de la Riviere fut inhumée dans un tombeau, placé dans le Chœur de l'Eglife de S. Martin du Pré, en Nivernois, près de Donzy. Qu'en 1682. foixante-quatorze ans après fa mort, le Curé ayant fait abattre ce tombeau, on y trouva le corps de cette Dame, fein & entier; & que l'Evêque d'Auxerre, informé de cet évenement, obligea le Curé à rétablir ce tombeau. Ce trait eft rapporté dans le Mercure Galant, au mois de Janvier 1687. *pag.* 226. & 227. Cette Dame eft répréfentée fur fon tombeau, avec tous fes atours; & on y lit qu'elle décéda à l'âge de 20. ans, étant à Paris auprès de la Reine Marguerite, le 19. Avril 1606. Elle y eft dite Françoife, & non Claude.

9. JEAN de Reugny, Chevalier, Seigneur de Faveray, &c. fuit.

9. MAGDELAINE de Reugny de Faveray, fut mariée, 1°. avec N... d'*ESTUD*, Ecuyer, Seigneur de S. Pierre; & 2°. avec Jacques *GRASSET*, Chevalier, Seigneur de Roüillé, & de Tomier, Gouverneur de la groffe Tour de Bourges. Dont enfants.

9. JEAN de Reugny, Chevalier, Seigneur de Faveray, de Vilatte, & de la Magdelaine, époufa le 13. Février 1642. Sufanne *GAY*, fille de Jean Gay, Lieutenant à Lers, en Berry, près Loire; & de Marguerite de Montaigu. Elle étant veuve, produifit les Titres de Nobleffe de feu fon mari, devant M. Lambert d'Herbigny, Intendant de Moulins,

& de Bourges , qui lui en donna acte comme veuve de Gentilhomme , le 4. Mars 1667. Elle avoit eu de son mariage.

10. JEAN de Reugny , Ecuyer , Seigneur de Vilatte , & de la Magdelaine, à qui on ne connoit point d'alliance.

10. FRANÇOIS de Reugny qui va suivre.

10. MARIE de Reugny , mariée à Jean d'*ESTUD* , Chevalier , Seigneur de Tracy , fils de François d'Estud , & de Gabrielle de Reugny du Tremblay.

10. SUSANNE & Françoise de Reugny qui ne paroissent point avoir été mariées.

10. FRANÇOIS de Reugny du Tremblay , appellé Vicomte de Reugny , Chevalier , Seigneur de Vilatte , la Fin , Chasnay , &c. Ecuyer ordinaire du Roi en sa petite Ecurie , en survivance de son beau-pere l'an 1687. Fut Aide de Camp ès Armées de Sa Majesté. Il épousa Anne de *CHAMPFEU* , fille de Philippe de Champfeu , Baron de la Fin, Vicomte de la Vauquerie , Seigneur de S. Martin , de Fourchaud , de la Baraude des Moines , Ecuyer ordinaire du Roi. François de Reugny obtint de Sa Majesté un Brevet d'assurance de *vingt mille livres* sur sa Charge d'Ecuyer ordinaire , le 20. Février 1716. Après sa mort , ladite Dame sa veuve reçut pour elle , & ses trois filles , par acte passé devant Guerin , & son Confrere , Notaires à Paris , le 21. Juin 1718. les *vingt mille livres* , portés par le susdit Brevet de Messire Jean-Marie-Louis de Sens , Chevalier , Marquis de Morsan , Capitaine au Régiment de Navarre , comme ayant l'agrément du Roi , pour être pourvu de ladite Charge d'Ecuyer de Sa Majesté. Il ne vint de ce mariage que trois filles : savoir ,

11. MARIE de Reugny du Tremblay , majeure en 1718. Fut mariée le 18. Mars 1719. à Michel de la *BARRE* , Ecuyer , Seigneur des Troches , & de Cloux , en l'Election de Nevers. Dont deux fils.

11. MARIE-ANNE de Reugny du Tremblay , fille majeure en 1718.

11. CATHERINE-SUSANNE de Reugny du Tremblay , fille émancipée de droit , en 1718.

ERRATA.

AVERTISSEMENT, *Page* premiere, ligne 22. Cartes, lifez *Chartes*, pag. 15. ligne 31. Chamrobert, lifez *Champrobert*.

pag. 16. ligne 25. Chambrobert, lifez *Champrobert*.

pag. 30. ligne premiere, Donfy, lifez *Donzy*.

ibid. ligne 22. & 23. de Regnier, de Guerchy, lifez de *Regnier-de-Guerchy*.

pag. 31. ligne 12. Donfy, lifez *Donzy*.

pag. 34. ligne 21. productions faits, lifez *faites*.

pag. 36. ligne 16. Claude Quefnay, lifez *Guefnay*.

pag. 39. ligne 24. Prelify, lifez *Prelichy*.

pag. 49. ligne 10. Claude de Couvol, lifez de *Courvol*.

pag. 52. ligne 27. d'Efcarbotte, lifez de l'*Efcarbotte*.

pag. 66. ligne 8. le 3. Février 1723. ajoutez *avec*.

TABLEAU GÉNÉALOGIQUE
DE LA MAISON DE COURVOL.

HUGUES DE COURVOL, Seigneur dudit Courvol, en 1088. peut être regardé comme le Chef de cette Maison.

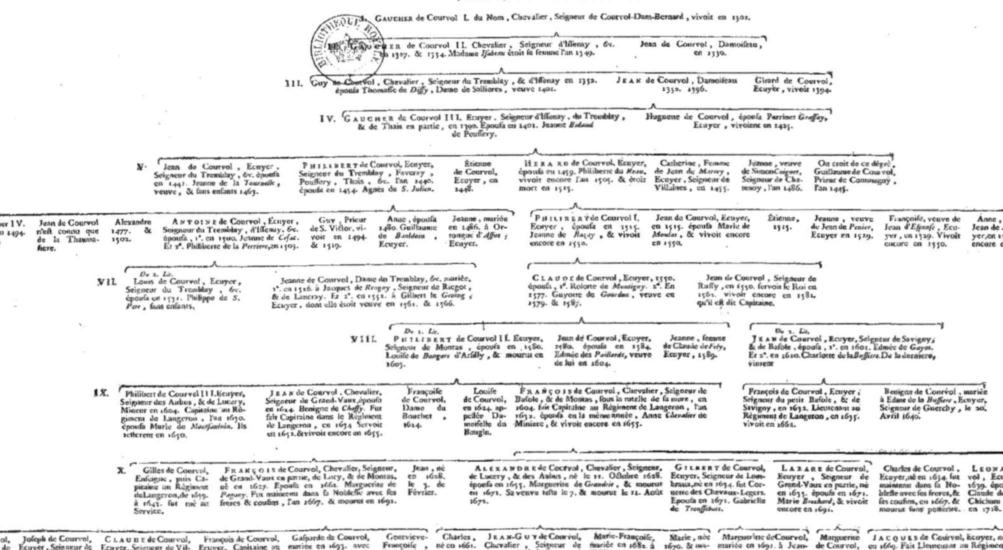

I. GAUCHER de Courvol I. du Nom, Chevalier, Seigneur de Courvol-Dam-Bernard, vivoit en 1301.

II. Gaucher de Courvol II. Chevalier, Seigneur d'Issenay, &c. en 1327. & 1334. Madame Isabeau étoit sa femme l'an 1349. — Jean de Courvol, Damoiseau, en 1330.

III. Guy de Courvol, Chevalier, Seigneur du Tremblay, & d'Issenay en 1352. épousa Thomasse de Diffy, Dame de Solliores, veuve 1401. — Jean de Courvol, Damoiseau, 1352. 1396. — Girard de Courvol, Écuyer, vivoit 1394.

IV. GAUCHER de Courvol III. Écuyer, Seigneur d'Issenay, du Tremblay, & de Thais en partie, en 1390. Épousa en 1401. Jeanne Edand de Poussery. — Huguene de Courvol, épousa Perrinet Greffay, Écuyer, vivoient en 1425.

V. Jean de Courvol, Écuyer, Seigneur du Tremblay, &c. épousa en 1441. Jeanne de la Tournelle, veuve, & sans enfants 1463. — PHILIBERT de Courvol, Écuyer, Seigneur du Tremblay, Poussery, Thais, &c. l'an 1440. épousa en 1454. Agnès de S. Julien. — Étienne de Courvol, Écuyer, en 1448. — HERARD de Courvol, Écuyer, Seigneur de Jean du Neau, vivoit encore l'an 1505. & étoit mort en 1515. — Catherine, Femme de Jean de Mavray, Écuyer, Seigneur de Villaines, en 1455. — Jeanne, veuve de Simon Coignet, Seigneur de Chatenoy, l'an 1486. — On croit de ce dégré Guillaume de Courvol, Prieur de Commangry, l'an 1445.

VI. GAUCHER IV. vivoit en 1494. & 1521. — Jean de Courvol n'est connu que de la Thaumiere. — Alexandre 1477. & 1502. — ANTOINE de Courvol, Écuyer, Seigneur du Tremblay, &c. épousa, 1°. en 1500. Jeanne de Cesar, & 2°. Philiberte de la Perriere, en 1503. — Guy, Prieur de S. Victor, vivoit en 1494. & 1519. — Jeanne, mariée 1480. Guillaume de Baldoin, Écuyer. — Jeanne, mariée en 1486. à Ortongnac d'Affut ; Écuyer. — PHILIBERT de Courvol I. Écuyer, épousa en 1515. Jeanne de Razay, & vivoit encore en 1550. — Jean de Courvol, Écuyer, en 1515. épousa Marie de Moulas, & vivoit encore en 1550. — Étienne, 1515. — Jeanne, veuve de Jean du Pesier, Écuyer en 1529. — Françoise, veuve de Jean d'Espesse, Écuyer, en 1529. Vivoit encore en 1550. — Anne, femme de Jean de Bazay, Écuyer, en 1536. Vivoit encore en 1556.

VII. *De 1. Lit.* Louis de Courvol, Écuyer, Seigneur du Tremblay, épousa en 1531. Philippe de S. Pere, sans enfants. — Jeanne de Courvol, Dame du Tremblay, &c. mariée, 1°. en 1526. à Jacques de Rongey, Seigneur de Ricqot, & de Lancray. Et 2°. en 1552. à Gilbert le Groing ; Écuyer, dont elle étoit veuve en 1561. & 1566. — CLAUDE de Courvol, Écuyer, 1550. épousa, 1°. Rolotte de Montigny. 2°. En 1577. Guyotte de Gourdan, veuve en 1579. & 1587. — Jean de Courvol, Seigneur de Rully, en 1550. servoit le Roi en 1562. vivoit encore en 1582. qu'il est dit Capitaine.

VIII. *De 1. Lit.* PHILIBERT de Courvol II. Écuyer, Seigneur de Montas, épousa en 1580. Louise de Bongars d'Arsilly, & mourut en 1603. — Jean de Courvol, Écuyer, 1580. épousa en 1584. Edmée des Paillards, veuve de lui en 1604. — Jeanne, femme de Claude de Fely, Écuyer, 1589. — *De 2. Lit.* JEAN de Courvol, Écuyer, Seigneur de Savigny, & de Basole, épousa, 1°. en 1601. Edmée de Gayot. Et 2°. en 1610. Charlotte de la Bussiere. De la derniere, vinrent

IX. Philibert de Courvol III. Écuyer, Seigneur des Aubus, & de Lucery, Mineur en 1604. Capitaine au Régiment de Langeron, l'an 1630. épousa Marie de Montsaulnin. Ils retirerent en 1650. — JEAN de Courvol, Chevalier, Seigneur de Grand-Vaux, épousa en 1624. Benigne de Chaffy. Fut fait Capitaine dans le Régiment de Langeron, en 1634. Servoit en 1652. & vivoit encore en 1655. — Françoise de Courvol, Dame du Bouchet, 1624. — Louise de Courvol, en 1624. appellée Damoiselle du Bougin. — FRANÇOIS de Courvol, Chevalier, Seigneur de Basole, & de Montas, sous la tutelle de sa mere, en 1604. fut Capitaine au Régiment de Langeron, l'an 1632. épousa en la même année, Anne Chevalier de Miniere, & vivoit encore en 1655. — François de Courvol, Écuyer, Seigneur du petit Basole, & de Savigny, en 1632. Lieutenant au Régiment de Langeron, en 1635. vivoit en 1662. — Benigne de Courvol, mariée à Edme de la Bussiere, Écuyer, Seigneur de Guerchy, le 20. Avril 1640.

X. Gilles de Courvol, Enseigne, puis Capitaine au Régiment de Langeron, de 1639. à 1643. fut tué au Service. — FRANÇOIS de Courvol, Chevalier, Seigneur, de Grand-Vaux en partie, de Lucy, & de Montas, né en 1627. Épousa en 1662. Marguerite de Paguey. Fut maintenu dans sa Noblesse avec ses freres & cousins, l'an 1667. & mourut en 1691. — Jean, né en 1628. le 3. de Février. — ALEXANDRE de Courvol, Chevalier, Seigneur, de Lucery, & des Aulus, né le 11. Octobre 1628. épousa en 1655. Marguerite de Grandrie, & mourut en 1671. Sa veuve testa le 7. & mourut le 11. Août 1672. — GILBERT de Courvol, Écuyer, Seigneur de Lombraux, né en 1634. fut Cornette des Chevaux-Legers. Épousa en 1671. Gabrielle de Trouffebois. — LAZARE de Courvol, Écuyer, Seigneur de Grand-Vaux en partie, né en 1635. épousa en 1671. Marie Brechard, & vivoit encore en 1691. — Charles de Courvol, Écuyer, né en 1634. fut maintenu dans sa Noblesse avec ses freres, & ses cousins, en 1667. & mourut sans postérité. — LEONARD de Courvol, Écuyer, né en 1639. épousa en 1666. Claude de Quanin de Chicham, & mourut en 1718. — Lazare de Courvol, Écuyer, né en 1643. vivoit en 1667. mourut sans alliance. — Catherine de Courvol, mariée à Dominique de Coqueborne, Écuyer, Seigneur de la Ripe en 1662.

XI. LAZARE de Courvol, Écuyer, Seigneur de Lucy, épousa en 1694. Françoise-Marie Pierre, morte en 1733. & lui mourut en 1735. — Joseph de Courvol, Écuyer, Seigneur de Montas, né 1662. épousa Renée de la Barre, & mourut sans enfants en 1714. — CLAUDE de Courvol, Écuyer, Seigneur de Villaines, épousa en 1708. Étiennette de la Penne, & mourut en 1734. dont 2. filles. — François de Courvol, Écuyer, Capitaine au Régiment d'Agenois, en 1708. épousa en 1722. Anne Pierre, sans enfants. — Gasparde de Courvol, mariée en 1693. avec Gaspard-François de Change, Écuyer, Seigneur de S. Leger. — Geneviève-Françoise, Religieuse Ursuline. — Charles, né en 1661. & mort en 1662. — JEAN-GUY de Courvol, Chevalier, Seigneur de Croizy, & de Lucery, né en 1666. fut Cornette du Régiment du Maine. Épousa en 1694. Edmée-Magdelaine Besare, & mourut en 1714. — Marie-Françoise, mariée en 1682. à Philibert Danguy, Seigneur de Monteuillon. — Marie, née 1670. & mariée en 1686. à Jacques des Jours, Seigneur de Mazille. — Marguerite de Courvol, mariée en 1691. à Jean-François de Coignon, Écuyer, Seigneur de Mouasse, & de la Fosse, & mourut en 1717. dont postérité. — Marguerite de Courvol, mariée en 1695. à Jean de la Penne, Écuyer, Seigneur de Sanify. — JACQUES de Courvol, Écuyer, né en 1669. Fait Lieutenant au Régiment de Normandie, en 1701. Fut marié deux fois, 1°. en 1707. avec Elizabeth-Therese Bigé, morte l'an 1717. Et 2°. en 1723. avec Marie de Compaing des Prés. Il mourut en 1746. — GILBERT de Courvol, Écuyer, Seigneur de Champeaux, né en 1676. fut Lieutenant au Régiment de Haynaut. Épousa en 1714. Helene de Compaing, & mourut en 1741. — Marie de Courvol, 1707.

(sous XI :) Geneviève, morte le 17. Février 1751. — Marie, épousa Edme de la Bussiere, Écuyer, Seigneur de la Brucre, le 21. Janvier 1752.

XII. Pierre-Gaspard-Guillaume de Courvol, né en 1695. Chanoine de Nevers, & Prieur de la Faye. (né en 1696. & mort en 1697. Et François, né en 1702. & mort 1706.) — LOUIS-FRANÇOIS de Courvol, Écuyer, Seigneur de Lucy, né en 1698. fait Capitaine au Régiment d'Agenois, en 1723. Épousa en 1745. Marie-Anne de la Travalle. — GERMAIN-GABRIEL de Courvol, Écuyer, Seigneur de Montas, Gentilhomme de la Manche du Roi, né en 1704. Brigadier des Gardes du Corps, en 1708. — N. né en 1705. mort en 1710. Et Robert-Joseph, né en 1708. mort en 1710. — Lazare, né en 1707. mort 1710. — Gabrielle-Marie, née 1697. Religieuse, mourut le 22. Décemb. 1750. — Françoise, née en 1700. vivante en 1752. — Marie-Anne, née en 1701. & mariée en 1719. à Charles-François Save, Seigneur de Savigny. — Philibert de Courvol, Chevalier, Seigneur de Lugny, né en 1697. fait Capitaine dans le Régiment de la Sarre, en 1729. & Chevalier de S. Louis, en 1740. — Charles de Courvol, né en 1699. est Religieux Bénédictin, Congrégateur de S. Maur, depuis 1718. — François-Raco de Courvol, Chevalier, Seigneur de Croizy, & de Hertry, né en 1702. Chevalier, & Commandeur de l'Ordre de Cisteaux, depuis 1726. en 1726. Jacqueline le Normant de Herry. — André-François, né en 1705. mort en 1706. — François-Gabriel, né en 1709. & mort en 1710. — Jeanne-Françoise, née en 1696. morte en bas âge. — Michelle-Françoise-Edmée, née en 1700. & morte en 1701. — Armande-Marguerite, née en 1709. Religieuse de l'Abbaye du Reconfort, & mourut en 1744. — *De 1. Lit.* Jacques de Courvol, Écuyer, né en 1709. fait Lieutenant au Régiment de Nice, en 1734. puis Capitaine en 1742. & Chevalier de S. Louis en 1747. épousa en 1746. Marie-Anne de Moncorps, & mourut le 16. Juin 1752. — JEAN-CLAUDE de Courvol, Écuyer, né en 1713. fait Lieutenant au Régiment de Nice, en 1734. à Louis-Charles d'Assigny, Seigneur de Lain. Épousa Marie-Anne-Constance de Mullot, 15. mai 1751. — Hyacinthe-Marie de Courvol, né en 1719. Religieuse à Nevers, 1744. — Jean-Baptiste-François de Courvol, né en 1717.

XIII. Gilbert de Courvol, né de Courvol en 1746. & mort à six Mai 1752. feminines. — Jean-B.-François, né en 1757. — Marie-Anne, née en 1749. — Marie-Monique, née le 22. Août, employée le 23. mourut le 25. Décembre suivant. — Louise-Anne, née en 1759. — N. de Courvol, née, on n'a pu ... — Jean-François, Pierre, né en 1745. mort auparavant. — Claude de Courvol, né en 1748. mort 1747. — Augustin, né en 1748. — Joseph, né en 1750. — Françoise-Monique, née en 1742. — Jacques-Lazare de Courvol, né le 17. Décembre 1751.